读者赞誉

非常好！推荐

感觉真的很棒，这本书很详细地阐述了许多考入知名大学的优等生的事迹与学习方法，让我获益匪浅。看了之后，我重新规划了我的学习目标并制订了详细的计划，对我非常有帮助！

——superken

很好的一本方法书

我是快要初三的学生，为了提高成绩，我买了这本书。里面是讲怎么运用自己的学习时间才既不减少玩的时间又学得好（而且全是考入名牌大学的学生自己的经验，不是什么所谓的专家的经验）。看了之后我才知道，其实学的时间长并不代表学得好。

——lonely高

对优等生而言简直是如虎添翼

这是一本非常实用的书籍，不像其他书籍那样空谈，每一种方法都具有可行性。你会发现这本书里的一些方法是自己亲身经历总结过的，这就说明本书的方法不是盖的。那些自己没有总结过的方法，也具有很强的科学性和可行性，本书论述逻辑性很强。本人的成绩一直是年级前三，强烈建议各位成绩好的学生购买这本书，它一定会使你如虎添翼。

提示：最好不要一下子从头到尾把书读完，那样效果不大，应该每天抽一节来看，这样就能记在心里又不失去对这本书阅读的兴趣。

——黎明之花

感激这套书！！

这一套书很实用，篇幅短小易读，没有多余的内容，质量也不错，版式设计纸张都很干净。PS：我是初二学生，靠里面的方法半学期内从年级第29名跳到第11名！！强烈推荐！！！

——岳树音

挺好的

书是给孩子买的，我先看了看，一节一节写得短小精悍，读起来很省时间，挺不错的。孩子拿过去一口气就读完了，感觉不错。

——lxer

如何有效掌控学习时间

我是优等生 1

中国学生学习方法首选品牌

王茗心◎主编

華夏出版社

图书在版编目（CIP）数据

我是优等生．1，如何有效掌控学习时间 / 王茗心主编．—北京：华夏出版社，2013.4（2014年重印）

ISBN 978-7-5080-7397-2

Ⅰ．①我… Ⅱ．①王… Ⅲ．①中学生－学习方法 Ⅳ．①G632.46

中国版本图书馆CIP数据核字(2012)第315583号

出品策划： 華夏盛轩

网　　址： http://www.huaxiabooks.com

我是优等生1：如何有效掌控学习时间

作　　者： 王茗心

责任编辑： 黄珊珊　陈素然

封面设计： 蒋宏工作室

排版制作： 亿点印象

图片来源： 壹图

出版发行： 华夏出版社

（北京东直门外香河园北里4号　　邮编：100028）

经　　销： 新华文轩出版传媒股份有限公司

印　　刷： 三河市汇鑫印务有限公司

开　　本： 720mm×1020mm　1/16

印　　张： 14

字　　数： 160千字

版　　次： 2013年4月第1版　2014年9月第4次印刷

书　　号： ISBN 978-7-5080-7397-2

定　　价： 25.00元

前言

每天五分钟，成就优等生

五分钟并不短暂，它足够你掌握一种方法、学会一种技巧、完善一种能力！

“我是优等生”丛书是为中小学生量身定做的一套优秀的学习读物，分为《我是优等生1：如何有效掌控学习时间》《我是优等生2：如何有效改善学习技能》《我是优等生3：如何有效提升考试技巧》三册。每册分别收集、整理了全国100位考入知名大学的优等生的学习经验和教训，希望通过他们真实的现身说法，从学习时间、学习技能、考试技巧三个方面，为全国的中小学学生们提供最实用的指导和最有效的帮助。

《我是优等生1：如何有效掌控学习时间》一书告诉我们，优等生的定义并不等于把所有的时间都花在学习上。一味地延长学习时间，反而会使你离优等生的行列越来越远。作业经常完不成、失去休息和娱乐、每天来不及预习和复习、学习效率低下、身心疲惫等等，如果这些现象出现在你身上，并不是说明你的学习时间不够多，而是因为学习时间的安排不够科学，没能有效地利用好每天长达8～10个小时的学习时间。

《我是优等生1：如何有效掌控学习时间》围绕“科学安排”“巧妙节省”“合理利用”三个方面，介绍了全国100位优等生掌控学习时间的成功经验。学习时间的高效利用，为他们取得优异的成绩，提供了最坚实的保障。

除了善于掌控时间之外，优等生的另一个共同点是，他们都拥有非常出众的学习技能。许多一线教师早已归纳出了这样一条规律：成绩好与成绩差，其中的差距并不在于孩子的智力和天赋的高低，而在于学习能力的强弱。经验证明，要想提高学习成绩，掌握科学、高效的学习技能才是关键。

《我是优等生2：如何有效改善学习技能》一书从预习、听课、复习、笔记、做题、记忆、阅读等几大学习环节入手，介绍了全国100位优等生的学习方法和学习习惯。这些实用、有效的学习技能，一定能引导你“学会学习”，快速提高你的学习成绩。

《我是优等生3：如何有效提升考试技巧》一书揭示了优等生取得高分的秘诀：稳定、成熟的应考能力。100位优等生的经验告诉我们：考试是对学生综合能力的考察，要想取得好成绩，除了要有实力做保证，也还有一定的方法技巧可循。在一些大型考试中，经常会出现一些学生超常发挥，而一些学生却发挥失常的奇怪现象。这其中的诀窍就在于考试技巧的优劣。

《我是优等生3：如何有效提升考试技巧》从考前准备、答题技巧、考卷分析、考场心态几个方面，为大家分学科讲解了优等生收获高分的解题技巧，分析了文科、理科的不同学习规律，也提示了大家应该培养的良好的应试心态。

“我是优等生”丛书记录的每一种方法和技巧，都非常简短、易读。目的是为了保证大家在五分钟的时间里就能够读完，并且容易理解、有所收获。这样，每天花上五分钟，既不会过多地占用你的学习时间，又能够在潜移默化中改进你的学习方法，完善你的学习习惯。

我们真心希望“我是优等生”丛书能够成为中小学生们的学习必备手册和学习方法工具书。你可以把它随手放在身边，随时翻看学习。当你把这些方法和习惯真正运用到学习中去时，你会发现你已经进入到了优等生的行列！

目 录

第一章 掌控时间关键在计划

正像建造楼房先要有图纸，打仗先要有部署一样，要想有效掌控你的学习时间，就必须要有一套切实可行的计划。

第二章 高效的时间管理方式

学习效率与学习时间的管理之间是成正比的，当你感觉学习效率很低时，就要考虑是否改变自己的时间安排方式了。

第三章 让每一分钟都有价值

学习的关键并不是看你用了多少时间，而是你在这段时间里取得了多少收获。对时间的最佳掌控之道就是：让每一分钟都实现它的价值。

第四章 节省时间要讲技巧

在听课、记笔记、背诵、做题等过程中，都可以采取一些技巧，用最短的时间来达到最理想的效果。

第五章 杜绝时间浪费有方法

在面对突然而至的各种干扰时，只有成功地排除它们，你才能杜绝时间的浪费，真正成为学习时间的主人。

第六章 不会休息就不会学习

我们不能以时间论成绩，更不能通过加班加点拚时间来换取一时的心理快慰。

第一章 掌控时间关键在计划

正像建造楼房先要有图纸，打仗先要有部署一样，要想有效掌控你的学习时间，就必须要有一套切实可行的计划。制订计划，就需要明确学习的目标，并列出具体任务，然后把学习任务具体分配到每一年、每一月、每一周、每一天去。

同时，每个计划从执行到结果或执行一个阶段后，就应当检查一下效果如何。如果效果不好，就要找原因，进行必要的调整。

确定自己要什么

有效掌控学习时间的前提是：确定自己要什么。也就是说，你要知道自己在有限的学习时间里想达到什么样的效果。

姓名：黄小倩
贵州省高考文科状元
考入北京大学经济学院

优等生经验谈：

每一个高中生都应该有自己追求的目标，而这个目标不妨设得高些，只有这样才能激发起斗志，爆发出巨大的潜能。

我在高考之前几个月数学成绩并不是很好，但我给自己订下的目标是全市前三名，因此在余下的几个月里为了这个目标而全力以赴，最终实现了自己的梦想——考进了北大。这说明，“差生”并不是注定的，一切都是可以通过个人的努力达到或改变的。每一个人，不论成绩优劣，只要用功得当，全心投入，都是可以达到原本无法企及的目标，登上顶峰的。那么，为什么不及早设立一个高目标，奋力攀登呢？

适合自己的学习目标该如何确立呢？一般来讲，目标的确立应当符合以下几个原则：

1. 目标必须是你自己独立确定而不受外界各种压力的干扰和左右的。有一位同学，高中时本来在学校里的理科试验班，后来，她总觉得这并不是自己的优势和目标所在。到了高三，她征得老师和父母的同意，毅然决然地由理科改为文科。学习自己擅长和喜欢的东西，总是轻松和快乐的。事实证明她的选择是正确的，在高考中，她以优异的成绩考取了北京大学。

2. 目标必须是自己能够达到的，不可过高或过低，应由自己的兴趣与实力来决定。目标也不是一成不变的，它可以随着自己实力的变化而变化，无需过高，也不能过低，跳一跳，够得着，即可。不要提出力所不能及的目标，比如说，在高三下学期开学后模拟考试成绩是500分，提出一个月后大考的成绩要达到600分，那是很难的，从某种意义上说，这就是力所不能及的目标，很容易挫伤学习信心和积极性。

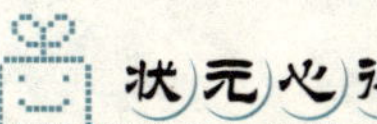

一定要设立自己的学习目标，因为如果没有目标，就会对学习敷衍了事，甚至耽于玩乐，浪费了大好光阴不说，心里也会觉得失落、空虚，接踵而来的悔恨、自责、苦闷、烦恼又会使你更无心学习，形成恶性循环，害莫大焉！

找一些短时间能完成的任务

找一些短时间就能完成的任务，也就是为自己设置一些小目标，它的作用在于能够使你把一两天之内的学习生活安排得有条不紊。

姓名：刘春明

毕业学校：山东省泰安英雄山中学

考入北京大学中文系

优等生经验谈：

当时，我把大目标锁定为期中重返年级前十名，又把大目标细化为一个个的小目标，如在第二次的考试中，进入班级前三。为了进入前三，每次考试都要有所提高；为了在考试中进步，平时的学习要有扎实的进步。这样我一步步稳扎稳打地取得了点滴的进步，在完成一个个小目标的同时，心理上也有少许的满足感，如此反复，学习就在大目标的总方向下，依靠小目标的地毯式的查缺补漏，充满乐趣地进行着。

刘春明同学将他确立目标的方法总结为“大小目标的双重变奏”，

他解释说：

经过反复的摸索与简单试验，我总结出了自己的目标体系，那就是大小目标的双重变奏。所谓大目标可以很大，比方说可以将考入北大作为自己的大目标，也可以是略微小一点的，如一个学期要达到的学习成果。总之，大目标是中长期性的，是方向性的，不是一时半会就可以轻松搞定的，往往需要相当的时间和毅力做后盾；而小目标相比较而言，就是一些比较具体的对于学习的短期计划，如今天要预习功课、复习完上课的内容等等，小目标还不同于严格意义上的时间表，它同样是方向性的，如果太琐碎就又失去了目标的作用，所以小目标的选择既要有其具体性，又要有模糊性。例如英语的学习，我就定了这样一个小目标：每天完成10个新词的背诵，3篇的阅读。当然大小目标都是相对而言的，只要是有利于学习的，随时可以进行必要的调整。

由此可见，将大目标分解为一个个阶段性的小目标，可以使目标更加具体化，你就能清楚地看到当前应该做什么，怎样才会做得更好。这可以使你漫长的学习生活变得有目标、有次序、有系统、有节奏，使繁重的任务变得轻松起来，从而在不知不觉中提高学习效率。

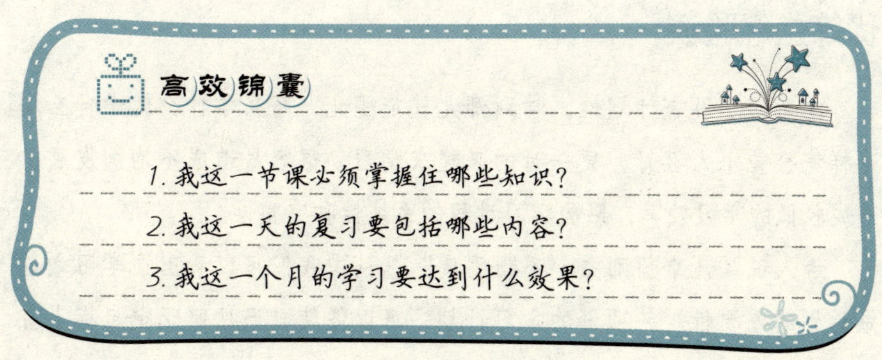

003 学习不能“随遇而安”

在学习中，常看到有些学生东走走西转转，东看看西翻翻，似乎作业完成了，就万事大吉，没事可干了。实际上这是一种“随遇而安”的学习态度。之所以会出现这种现象，在很大程度上是因为他们没有为自己订个“规划”，学习缺乏计划性。

姓名：李　谓

毕业学校：湖北省实验中学

考入北京大学数学系

优等生经验谈：

学习切忌没有计划性，学到哪儿就是哪儿，高兴学什么就学什么。这样完全凭个人喜好，凭一时的兴趣来学习，很容易造成不均衡发展，造成较低的学习效率，影响学习过程的系统性和完整性。

古人说“凡事预则立，不预则废”，从中我们可以看出在学习之前做计划的重要性。一项好的学习计划，可以促使自己按照既定目标去奋斗，不荒废时间，最大限度地发挥自己的潜能。

那么，怎样来制订一项符合自己实际情况的学习计划呢？一般来说，一项好的学习计划应包括以下几方面内容：

1. 自己应达到的目标。就是说，针对自己目前的学习水平，决定一个自己在学期末所能达到的学习目标。这个目标不能太高，太高了实现不了会影响自己的情绪，也不可太低，使学习失去了动力。这个目标应是经过一学期的努力刚好能达到的。

2. 分析自己目前存在的问题。比如自己目前哪方面比较欠缺，哪科需要有较大提高，哪项是本学期必须要解决的问题等等。针对这些情况决定自己学习时间的分配，决定自己目前该朝哪方面努力等等。

3. 制订详尽的学习任务表。主要是针对一星期的或一天的日程安排，决定自己在每个时段要学什么，以及怎样学。比如什么时间预习或复习什么科目，什么时间做什么练习等等。要把一天的时间表基本上安排好，这样可以督促自己按照计划去进行每一步，不会在哪个时间感到无所适从。但有一点要注意，学习计划不可定得太死，要有少量的余地可供自己临时支配。太死了会使学习产生一种沉闷感。

虽然每一个同学都有自己长远的学习目标，但要真正实现它，还必须脚踏实地，有计划有步骤地去学习。

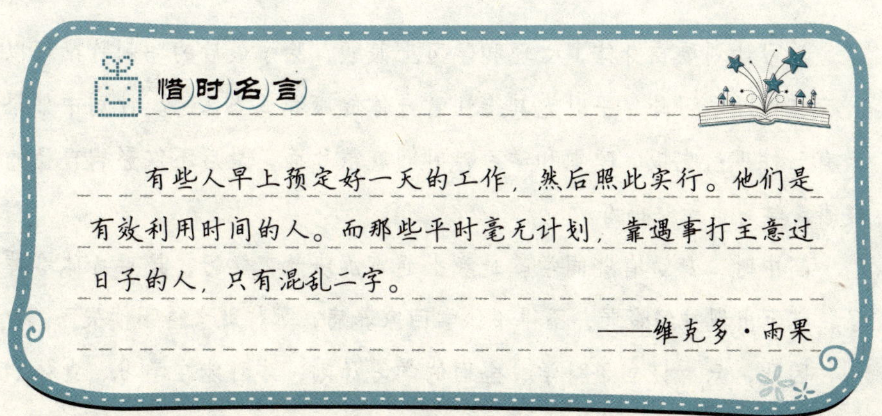

惜时名言

有些人早上预定好一天的工作，然后照此实行。他们是有效利用时间的人。而那些平时毫无计划，靠遇事打主意过日子的人，只有混乱二字。

——维克多·雨果

看看你漏掉了什么

学习计划自然要多考虑学习的具体安排，但学习毕竟只是我们生活中的一部分，我们不可能除了课内学习以外，将课余的一切时间仍然全部用于学习。

姓名：胡志勇
毕业学校：贵州省毕节中学
考入北京大学中文系

优等生经验谈：

学习计划要在身体、心理和学习上兼顾，除了最后的冲刺阶段可以"疯狂地"学习外，平时尤其得注意身体健康和适当休息。计划中如果只有三件事：吃饭、睡觉和学习，时间就很片面，最后不仅影响自己的健康，学习也无法搞好。

高中时，身边有些同学就是晚上通宵加班熬夜学习，最后身体垮掉了，甚至出现神经衰弱，不得不休学回家养病，那样就太得不偿失了。

因此，只有订立了科学、全面的学习计划，才可能在学习、身体和心理上都取得平衡。

标准型时间计划表

星期 \ 钟点	6—7	7—8	8—12	12—13	13—17	17—18	18—21	21—22
一	英语单词	早餐、卫生、电视	上课	午餐、小睡	上课	放学、晚餐、电视	复习、预习	卫生、闲书、上网
二	英语单词	早餐、卫生、电视	上课	午餐、小睡	上课	放学、晚餐、电视	复习、预习	卫生、闲书、上网
三	英语单词	早餐、卫生、电视	上课	午餐、小睡	上课	放学、晚餐、电视	复习、预习	卫生、闲书、上网
四	英语单词	早餐、卫生、电视	上课	午餐、小睡	上课	放学、晚餐、电视	复习、预习	卫生、闲书、上网
五	英语单词	早餐、卫生、电视	上课	午餐、小睡	上课	放学、晚餐、电视	复习、预习	卫生、闲书、上网
六	英语单词	补习班			学琴			卫生、闲书、上网
日	自由安排						复习、预习	卫生、闲书、上网
备注	6：30起床，22：00就寝							

所以，在制订学习计划时，必须将学习与其他各项活动统筹安排，除了学习、吃饭、睡觉等内容不可少外，应该把娱乐和锻炼时间也计算在内。另外，也别忘了给自己留一点与朋友和家人谈天的时间，看电视和欣赏音乐的时间。一天的活动富有变化，各有固定的时间和步骤，过一种健康而有规律的生活，这是有效学习的基础。

如果自己在学习的时间多玩了一会儿，就会使计划中的任务难以完成，由于学习顺序的渐进性，将使计划中后面的多项任务受到影响。一个全面的学习计划应该能够把学习和休息时间都进行科学的具体安排。

你的时间你做主

计划反映的目标是理想，是一种可能性，其出发点应当是自己的学习实际。不少同学在制订计划时却往往忽略了自己的实际情况，结果实行起来不是感到困难重重、十分紧张，就是过于轻松，造成重复劳动，最终使计划成为一纸空文。

姓名：张金杰

毕业学校：河南省温县一中

考入北京大学政府管理学院

优等生经验谈：

科学计划应建立在对自己各方面情况有正确了解的基础上。首先是根据自己的实际情况而不是一般所谓的重要与否，给各门功课分配一定的时间。

在订立学习计划时，我的不少同学都低估了自己的能力，比如这章历史你两个晚上就能记住，可总是不放心，为了保险，非要安排三四个晚上，不管自己是否意识到，大脑早已感到厌烦，不再处于兴奋状态。尽管前人说过“重复是学习之母”，但那一定是必要的重复。一般情况

下，过多的重复不但不能起到好的作用，反而掩盖了原来清晰的印象。实践证明：两晚上看完一章历史，过两周重复看一次，比连看四个晚上效果要好得多。

那么，什么是学习的实际，怎样才能切合实际呢？一般要把握好以下几点：

1. 明确自己的实际学习水平，确定计划学习的起点；

2. 明确实际可支配的时间，确定各个阶段的学习内容；

3. 明确实际学习任务，确定每天具体的学习安排。

另外还应考虑到学科教学的实际，使自己的学习计划能与教学进度相配合，这样才不会使个人的计划与学校的安排发生冲突，从而促进在校的新课学习。

记住，在学习中，既不要高估自己也不要妄自菲薄，给自己定好位是开始高效率学习的第一步。

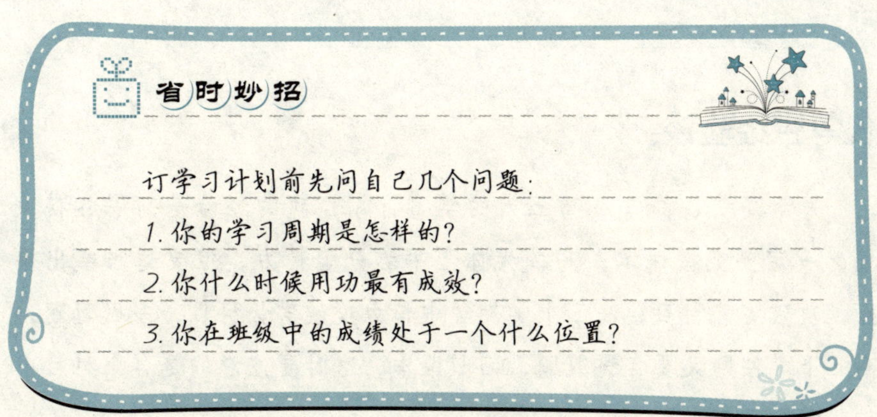

省时妙招

订学习计划前先问自己几个问题：

1. 你的学习周期是怎样的？

2. 你什么时候用功最有成效？

3. 你在班级中的成绩处于一个什么位置？

清楚每个阶段的任务是什么

高中的三年，每一年的任务与重点都是不同的，在订学习计划时，要清楚每个阶段的任务是什么，这样的计划才能有的放矢，取得最大的效果。

姓名：张晓楠
毕业学校：江西省瑞昌一中
考入北京大学光华管理学院

优等生经验谈：

关于高一、高二、高三大的学习计划，我的经验是高一各科兼顾，一定要把握课本；高二大体上平均分配精力，但要适当突出重点，攻破劣势科目；高三上学期集中精力攻破劣势科目，多做习题，高三下学期则又要各科兼顾，回归课本，这时要注意的是各个科目中较弱的知识点。

为什么要这样安排呢？张晓楠认为，高一刚刚从初中进入高中，可能有些不适应学习方法的改变，这时候对于自己的学习情况，优势及劣势科目也未明显区分开。盲目抓重点绝对无效，只有各科兼顾，才能打好基础，平衡发展。高一已经可以开始一些准备工作了，比如背英语单词，看世界地图和中国地图，记语文基础知识，这些都是高考必考的，先一步，成功的机会就大一分。高一的竞争是不明显，然而又几乎是具有决定性地位的，从某种意义上说，高三只是小修小补。

高二进行分科，这时我们对自身情况已经有了比较全面的把握。只有兼顾各科才能打好基础，在日益激烈的竞争中如果出现了“短腿”科目可就惨了。怎样兼顾？看课本、预习、复习、消化一样都不能少，要知道高考考的都是基础，课本是关键。另外，可以适当分出一定时间来攻克劣势科目，尤其是刚分科大家都处于不太清醒的状态，这时突击最有成效。

另外，高三上学期已进入总复习阶段，这时候最快捷有效的方法就是做题，大量做题。而高三下学期进入全面总结阶段，又要回到课本，注意一些应试技巧，即通常所说的“非智力因素”，如书写、格式、细心等。

从张晓楠同学的经验来看，高中的三年应各有侧重。从高一开始就要打好基础，否则等你高三时想用功了，却发现时间已经被白白浪费掉了三分之二。

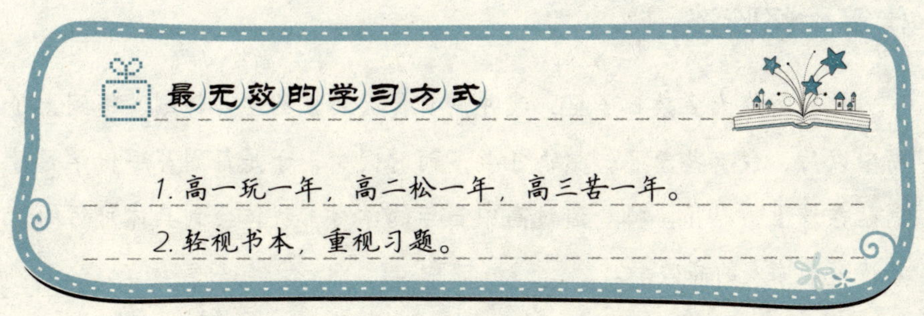

最无效的学习方式

1. 高一玩一年，高二松一年，高三苦一年。

2. 轻视书本，重视习题。

重在切实可行

有许多学生在订学习计划时总喜欢说这样的话："一眨眼，新的学期又到了。在这个学期里，我决心：一、上课认真听讲；二、课后坚持复习；……"简直就是决心书。这些话虽然正确，但是空洞。如果希望能真正有效地组织自己的学习，就要给自己拟订切实可行的计划。

姓名：曾琪琪
毕业学校：江西省宜春中学
考入北京大学经济学院

优等生经验谈：

初中的绝大多数日子里，我并没有什么真正的学习计划。等到上了高中以后，我有些急了，觉得任务多而时间少，于是每周写一份学习计划贴在墙上，贴了一排。通过高中三年的学习，我体会到具体可行的计划将带来惊人的高效率。

曾琪琪同学之所以当时以江西省宜春市高考第三名的身份进入北京

大学，切实可行的学习计划在其中起了非常重要的作用。下面是她的一些经验之谈：

计划的时间跨度不宜过长。以一周一计划（或半月一计划）为宜。因为若跨度太长，则难以做到“具体”。

制订计划时有两个线索。一个是时间。首先，列出本周课余可自行支配的时间，每天都分出几个时间段，写上每个时间段学什么，时间长的时间段学自己目前觉得薄弱的功课。这里面还可以使用些小技巧，例如，每天晚上九点半之后我就开始犯困，所以在九点半至睡觉的那个时间段里，我一般都安排复习数学（因为数学题比较能刺激我的大脑神经），而绝对不背历史、政治。制订计划的另一个线索是课程，即列出各个课程需要学习的东西，分配到相应的时间段中间去。

把计划书放在显眼处，严格执行，每天完成后都标上自己喜欢的标志以增加成就感。比如我曾经编过一首自己比较得意的七言绝句，就用来标在计划书上，每天标一个字，四个礼拜就把七言绝句写全了。

由此可见，学习计划不是决心书，光空喊口号是没有用的，不能实行的计划不如不订。

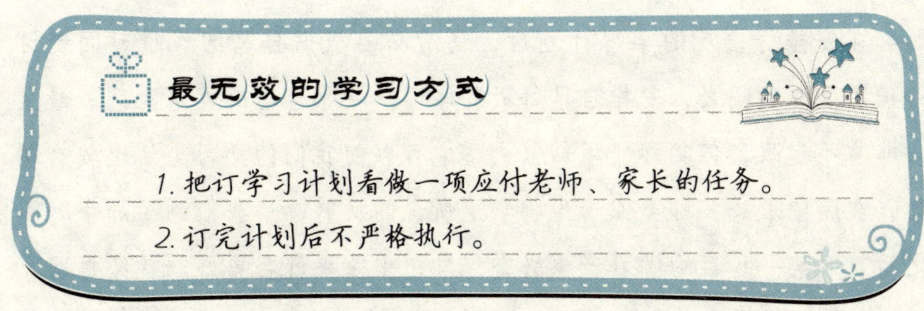

008 制订一份具体的时间表

合理地利用每一天的时间，没有一个具体的时间安排表显然是不行的。只有详细制订出每天的学习、工作时间表，并严格执行，养成习惯，时间才真正握在你手中。

姓名：余子宜
毕业学校：安徽省贵池一中
考入北京大学光华管理学院

优等生经验谈：

在安排好宏观的学习计划后，还有必要根据自己的作息时间制订一份具体的时间表，安排自己每天的学习。一张合理的作息时间表看上去非常不起眼，但实际作用却很大，它可以使我们的学习生活比较有规律，在脑中形成一种类似于生物学上所说的反射，当我们到了那个时间之后就对某一科目的学习产生兴奋，学起来效果就会更好。就像打网球一样，你必须要找到感觉，而这对学习是非常有意义的。

那么，怎样才能制订一个科学、合理的时间表呢？余子宜同学说，安排时间表的时候要注意结合自己的实际。如果学习的兴奋点在白天的话，就可以多安排一些白天时间来学习，晚上多安排一点时间来休息；如果是“夜猫子”，就可以晚上多安排一些学习时间，中午安排一些时间来休息。余子宜说，他每天早上六点起床，晚上约十一点半就寝，这段时间除上课、休息等耗时外，还有六个多小时的时间可供自学。把这些时间加以合理安排，是相当可观的。

举例来说，早上早读课前一刻钟可以用来背英语单词或古文；中午午休的两个小时，除了处理家庭作业外，一般可以安排做一个小时的数学习题和半小时的英语习题；晚自习既可以按学校安排自学，也可以先完成作业，然后复习语文；剩下的两个多小时可以用来复习文综各科。这样一来，每一科在当天都能得到及时的复习，有利于快速掌握和运用知识，而且可以避免因为盲目而导致的时间分配不合理及时间的浪费，一举两得。

需要指出的是，虽然在时间表的执行过程中可以有一定的灵活性，但只有严格执行并长期坚持才能有效，否则也只能是纸上谈兵。

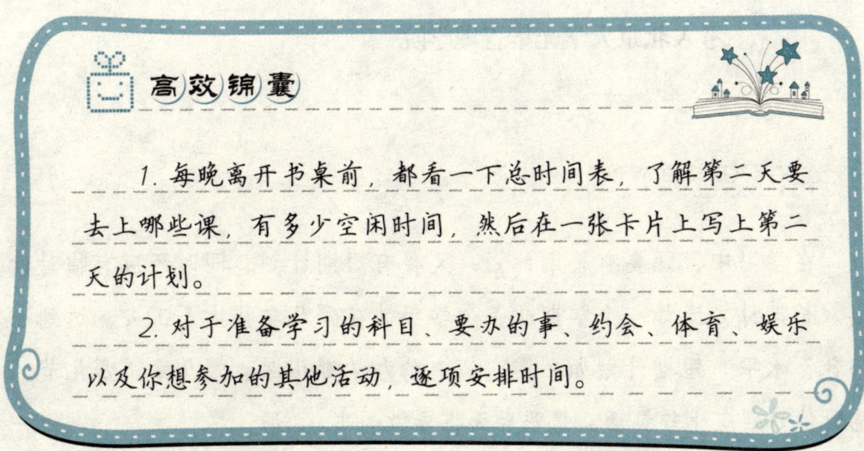

高效锦囊

1. 每晚离开书桌前，都看一下总时间表，了解第二天要去上哪些课，有多少空闲时间，然后在一张卡片上写上第二天的计划。

2. 对于准备学习的科目、要办的事、约会、体育、娱乐以及你想参加的其他活动，逐项安排时间。

长计划与短安排相结合

长计划可以是每学期、每月的计划，而短安排则是每周、每天甚至每小时的计划。到了高中，你会立刻感觉紧张起来，但面对这么多要做的事，你或许有一种“老虎吃天，无法下口”的感觉，不知该先看语文，还是该先看数学。因此，这时将长计划和短安排结合起来就尤为重要。

姓名：李媛媛
毕业学校：北京四中
考入北京大学光华管理学院

优等生经验谈：

在学习中，既要有长期计划，又要有短期计划，同时还应有临时计划。长期计划比如一个学期或一个学年欲在哪几学科上下工夫，达到一个什么水平。短期计划如一周内集中精力学哪几课、哪几章、哪几节。临时计划则应比较灵活，是明后天将要做的事。

在李媛媛同学看来，学习不能是盲目的事情，应该有一定的条理

性，只有通过结合长期、短期、临时计划才可以真正地做到“胸中有丘壑”。下面是李媛媛同学的一些经验之谈：

将你这一个月要做的事先全部罗列出来，然后再分成四周，规定每周该做些什么，然后再将其分配到每一天，每一小时。当然，有些同学或许觉得这太繁琐，天天都要浪费大量的时间写计划。其实，我觉得每月与每周的计划是应该写的，至于每天的计划则大可不必写，心里知道就行了。譬如说吃午饭的时候，就可以想想下午自习课的安排；放学回家的路上，就可以想想晚上的学习计划，这样点面结合，大计划与小计划相得益彰，就可以在很大程度上提高你的学习效率。

由此可见，长计划是方向性的，宜虚不宜实，而短安排是步骤性的，宜实不宜虚。

省时妙招

学习计划如何做到长中短三结合：

1. 长期计划应以一学期为限，内容应该是大纲式的，不必求详求细，否则就会出现计划跟不上变化，反而失去计划的作用。

2. 中期计划应该以月或周为期，内容应该非常详细。

3. 短期计划以一日或数日为期，只要心里有数就可以了，不必非要写下来，以免使计划显得乱而无用。

不要平均使用力量

学习时间是有限的，但学习内容却是无限的，所以制订计划要突出重点，不要平均使用力量。

姓名：王薇薇
毕业学校：湖北省武汉一中
考入北京大学

优等生经验谈：

在制订学习计划时应该确保重点，兼顾一般。所谓重点，一是指自己学习中的弱科，二是指各学科中的重点内容。每个同学都可能有自己的弱科，有的感到外语较难，有的觉得数学问题较多，而我则是化学比较弱，原因是初中的基础没打好，到高中后就感觉学起来非常吃力。制订计划时就应该把这些情况考虑进去。

针对化学比较弱的问题，王薇薇同学制订出如下补习计划：利用两个月的时间完成初中化学知识的系统补习；每天在完成各科学习任务的同时，安排一个小时的化学补习时间；将初中化学共八章的内容分配到8

个星期去完成，平均每周完成一章的内容；在每周的开始，又把每章的各节内容大致地分到每一天。按照这个重点突出的学习计划，两个月以后，王薇薇同学的化学成绩果然提高了。

另外有些学习优秀的同学，因为要参加学科竞赛或希望发展某些方面的特长，在课余时间里还需要安排一些提高性的学习。那么对于这些同学，课余提高性的学习内容，也就成为他们学习计划中的某一阶段的学习重点。

重点确定以后，必要时还可以根据本身的系统性，将重点内容再细分为几个专题，在兼顾其他各学科学习的同时，集中一个月或几周的课余时间去攻一个专题，解决一个专题以后，再集中一段时间专攻第二个专题、第三个专题……这种各个击破，集中力量打歼灭战的计划学习方式，无论对于补差或是提高，都是行之有效的。

记住，在制订学习计划时，一定要把重点突出出来，不要平均使用力量。

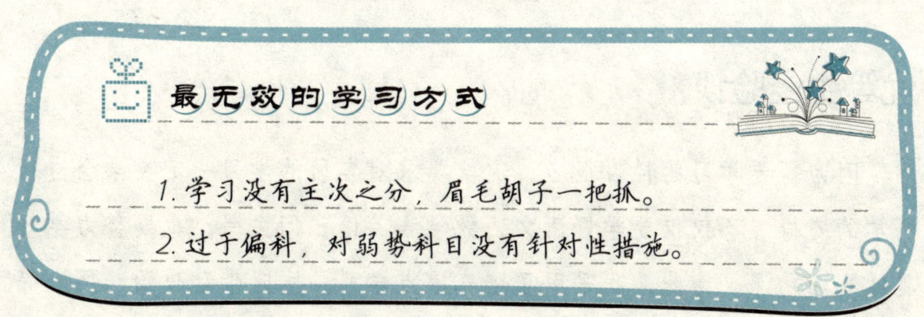

最无效的学习方式

1. 学习没有主次之分，眉毛胡子一把抓。

2. 过于偏科，对弱势科目没有针对性措施。

因科制宜，各个击破

各门学科都具有自身的特点、规律，我们只有根据自身的情况，“因科制宜”制订不同学科的学习计划，才能各个击破。

姓名：魏　维
毕业学校：北师大第二附中
考入北京大学光华管理学院

优等生经验谈：

因为需要学习的科目很多，这就要求对各科的学习一定要学会进行科学的安排。不仅仅要学好语文、数学和英语三门主课，也要努力学好其他几门功课。为此，我采用了培养重点学科，同时带动政治、历史等其他学科的方案。我每天用一定的时间（比如两个小时左右）固定学习英语，扎扎实实打下良好的基础。语文则和英语一样，需要注重平时的积累，所以每天的零碎时间也要分给它一部分。至于政治和历史，也要按照自身情况和不同内容进行安排。

正确协调各科之间的关系是十分必要的，只有这样才能更有效地利用有限的时间。魏维同学说："我对各科之间的时间分配不是一成不变的。在一开始，我把主要精力放在了数学和外语上，而对政治、历史投入的很少。一直到第二年的2月中旬才增大了对它们的投入，就在这时对它们的重视还是比数学和外语要少一些，一直到5月才将它们与数学、外语持平，这种安排基本上持续到了高考。做出这种安排，主要是因为我学数学并不轻松，英语不是特别出色，而数学、外语又是文科的重头戏。相比之下，我的历史、政治虽然不是很好，但由于我阅读过很多有益的书籍，所以文科方面的素质要稍高一些，只要方法得当，我自信只花很少的精力就能迅速提高成绩。而语文更是我一贯的强项，因此才制订了这样一个安排。"

综上所述，我们应从各学科学习的实际情况出发，合理地分配时间和精力，使各学科都能得到它应得到的学习时间和精力。

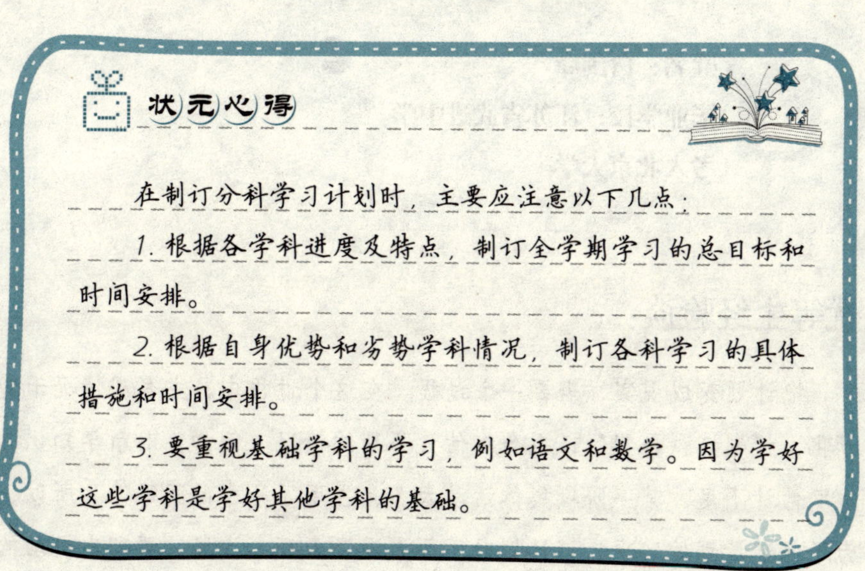

既要有原则，又要讲灵活

在执行学习计划的过程中，既要按照既定目标、步骤严格执行，切实保障计划的实现，同时又要根据计划实行过程中出现的问题，及时调整计划，随机应变，以期更好地执行和实现计划的既定目标。

姓名：白剑峰

毕业学校：江苏省武进中学

考入北京大学

优等生经验谈：

把计划变成现实，需要一个过程。在这个过程中，主客观情况千变万化，计划订得再实际，也会有估计不到的情况。例如，对新学知识的难度估计不足，某一阶段集体活动太多，占用了不少时间等等。所以，为了保证计划的实现，订计划时不要太满、太死、太紧，要留出机动的时间，使计划有一定的弹性和可变性。否则，就颠倒了主次关系，由计划应为人服务变成了人为计划服务。但是另一方面，订出切实可行的计划之后必须坚决落实，不能轻易地大修大改，更不能随意废弃。

因此，为了保证学习计划的更好落实，必须注意以下问题：

1. 要正确处理“一线”和“二线”的关系。计划中的“一线”，主要指那些常规学习活动，如预习、听讲、复习、作业等，目的是完成老师布置的学习任务，消化所学知识。计划中的“二线”，指自己安排的学习活动，目的是提高深造，如参加课外学习小组等。“一线”是“二线”的基础，“一线”抓得好，就可以腾出更多的时间去抓“二线”。“二线”任务如果完成得好，可以使自己的学习优势或特长进一步发展起来，主动的学习局面就有可能形成。这是高水平计划应该具有的内容。

2. 要及时检查并修订计划。生活和学习应该形成规律，但也不可能像机械运动那样，周而复始，一成不变。当计划执行到一个阶段以后，就应该检查一下学习的效果，明确哪些地方需要修改，哪些地方需要补充，从而对原计划进行科学而合理的调整。一个新的更适合自己的学习计划，将会使你今后的学习更加有效！

记住，对待学习计划既要讲原则，还要讲灵活，这样才不至于让它们成为一种负担或束缚。

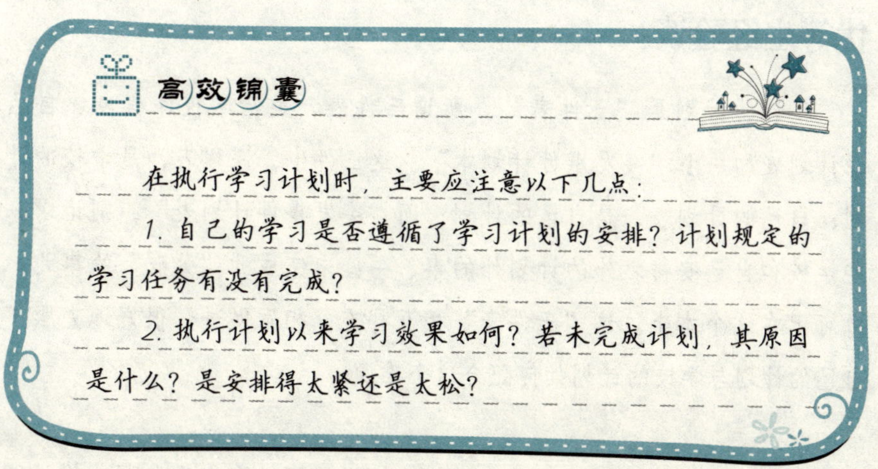

高效锦囊

在执行学习计划时，主要应注意以下几点：

1. 自己的学习是否遵循了学习计划的安排？计划规定的学习任务有没有完成？

2. 执行计划以来学习效果如何？若未完成计划，其原因是什么？是安排得太紧还是太松？

如何处理计划之间的冲突

在执行学习计划中，有两个很实际的问题必须解决：一是自己的计划与学校的计划如何配合上；二是计划之间发生了冲突怎么办。

姓名：刘 娟
毕业学校：北京四中
考入北京大学

优等生经验谈：

我订的计划是“三件表”。所谓三件表，是指学校课程表、自己的计划表和一个“突发事件计划本”。这三件中，课程表，是学校的计划；自己的计划表，是自己的计划；而“突发事件计划表”，则记录一些学校和自己安排之外的计划外的事、一些未完成的“欠账”的事儿，也可记在这个本上。这“三件表”相互补充，相互促进，很好地克服了自己的计划与学校的计划如何配合这个难题。

第一个难题解决了，那么当计划之间发生了冲突怎么办呢？将计划分为AB两组是一个有效的方法。

首先把最重要的任务罗列出来，这些任务通常是必须完成的，称之为A组。再把次重要的任务列在另一组，称为B组。

学习计划AB表

A组	B组
早自习：	上学途中20分钟：
上午：	中午午餐前后：
下午：	睡前20分钟：
晚自习：	

先把A组计划好。最好不要长时间突击一科，这样也许这科的短期效果不错，但对其他科目极为不利。况且即使短期效果很好而长时间不巩固的话，这种效果会很快消失。

为什么要有B组呢？它大大加强了计划的可伸缩性。一方面保证了必要的任务，另一方面可以把这些任务放在计划外的时间里，像是一些较短的空闲时间。在完成A组后，就可以放心地继续B组了，这样就收到了很好的学习效果。

将要做的事分成A、B两组，计划发生冲突的可能性就大大降低了。记住，把上面两个难题解决好了，你的学习计划才是最合理、最高效的。

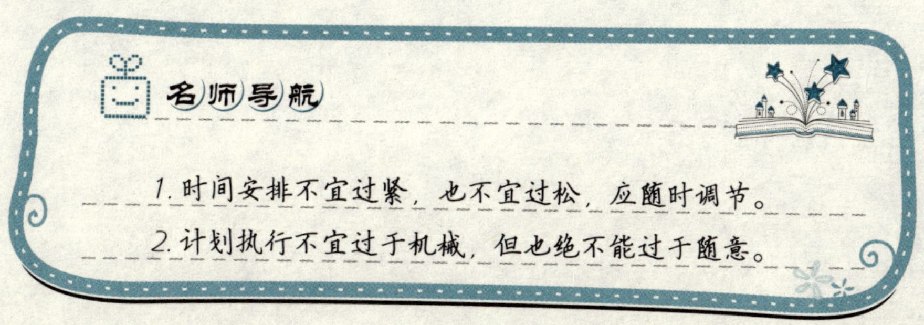

合理安排时间，就等于节约时间。

——英国科学家 培根

第二章 高效的时间管理方式

学习效率与学习时间的管理之间是成正比的，当你感觉学习效率很低时，就要考虑是否改变自己的时间安排方式了。

对于中学生来说，不仅应懂得对学习时间进行宏观的、战略方面的计划，还应了解时间安排的一些微观的、细节方面的方法。例如在每月、每周、每天如何安排学习时间，如何确定学习的最佳时间段，如何记录学习时间等等。这些方法可以帮助你高效地安排时间。

巧用每个月的60个时间单位

把学习任务分成许多小块，在各个小的时间段内完成，你就会养成“强制去完成”的良好学习习惯。这会大大提高你利用时间学习的效率。

姓名：李金佳
北京外国语大学法语系研究生
公派法国巴黎大学攻读博士学位

优等生经验谈：

高三这一年的时间，无非是两大块：一块是上课时间，一块是自习时间。上课时间就不说了，学校已有安排。关键就在自习时间。

高三时，除去课堂学习时间，我们每天早晚各有一个半小时可以自由利用。如果以一个半小时为一个复习时间单位的话，每月我就有约60个这样的时间单位。我在制订每月计划时，通常这样支配它们：语文13个，数学12个，英语12个，历史8个，地理8个，政治1个，机动6个。基本做到了立足全局，兼顾各科。

从李金佳同学的时间安排上，不难得出以下几点结论：

1. 按月来制订学习计划。高三时临时安排的活动多，负担重，计划需要经常调整。比如，突然宣布下周有一次大的考试，那么，肯定要挤占这60个单位的时间进行复习。故而高三时最多按月甚至可以以周为单位来制订计划，才不至于脱离现实。

2. 主科为主，各科兼顾。李金佳同学参加的显然是过去的六科考试，而非今天的3＋X考试。但从他的计划看，数、语、英这三科，占到37个时间单位，几近60个时间单位的三分之二。而历、地、政这三门副科，则占到17个时间单位，约近60个时间单位的三分之一。这对我们安排时间仍有启发意义。

3. 制订计划时就留下6个时间单位的机动时间，以保证计划的可塑性和弹性。这6个时间单位，占到了60个时间单位的10%。具体说，一天是两个时间单位，6个时间单位就是三天。

学学李金佳同学，将每个月的60个时间单位利用好了，学习效率自然也就提高了。

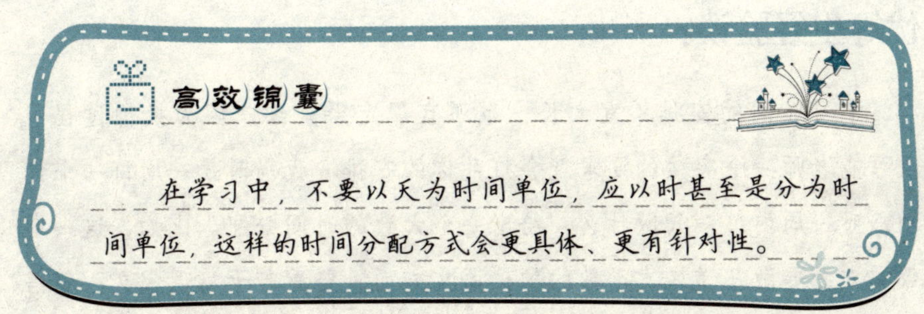

这一周要做什么

一周时间，不长，也不算太短。制订一个好的周学习计划，并出色地完成它，会使你信心倍增，找到一个新的学习起点。

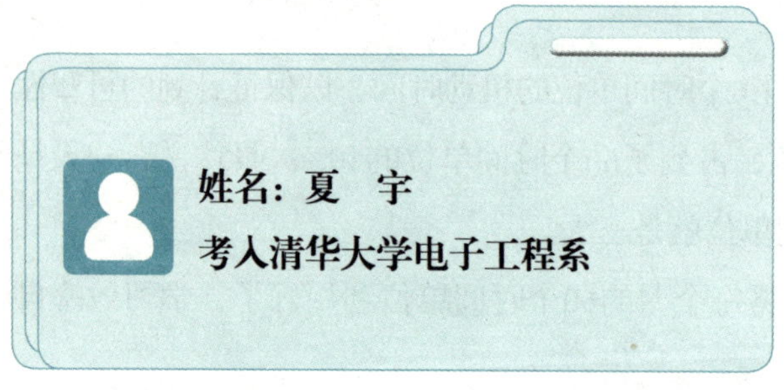

优等生经验谈：

学习时间的安排不宜太长，也不宜规定得太细。因为执行过程中很可能老师一个突然的要求就会打乱你的安排。我当时是一周订一个计划，对一周内每一天做什么，给出一个大致的时间分配。比如，这一周数学方面要做几道二次函数的题；语文方面，要看若干篇现代文；英语方面，要做几份试卷等等。

那么，如何对一周的时间进行安排呢？下面是一些优等生共同总结出来的经验：

1. 统计非学习的活动以及这些活动所占用的时间总量。如吃饭、睡

觉等时间；家务及其他活动；周六、周日晚上或其他一些时间，很有可能用于社交或娱乐活动等等。从自我管理的角度来看，千万不要把这些时间安排在学习上，因为学习之外的诱惑力肯定会占上风。

2. 计划可用于学习的时间及其分配。把计算出的学习时间量分散到一周的每一天当中去，安排在适当的时间里，并列出每星期活动及学习时间表。在安排时注意以下几个问题：

（1）确定一天之内哪段时间你的感觉最好，大脑最敏捷，将这段时间用在学习上。

（2）要避免连续学习超过2小时而不中断，应安排半小时的休息时间。

（3）检查。制作一张自我督促表，并把这张表贴在墙上或夹在笔记本里，至少应保存三个星期。

每到周末的时候，可以问问自己：这一周的时间我都做了什么？

省时妙招

努力做到课后马上安排复习，因为这段时间很特殊，你的思路仍然围绕在这个科目上，上课的内容还很清晰，解释和例子还记忆犹新。这是学习效果最佳的黄金时间，你必须抓住这段时间学习和做作业，尤其是数学和理化作业，这时公式和技巧很容易记住并易于应用，理解力和记忆力也能得到加强。

双休日你怎样安排

对中学生来说，双休日既是休息、娱乐的日子，同时也是提高学习的大好时机。如何既玩好，休息好，而且还能学好，这就需要你的合理安排了。

姓名：王远方

毕业学校：山西省榆次一中

考入北京大学

优等生经验谈：

有的同学把学习当成享受，他们觉得双休日可以全由自己来支配，一天效率是平时上学的两倍，这样一来，每年生命便延长到了469天。而不善利用时间的同学呢，这两天懒惰下来，周一还要重新鼓劲，一年生命还不到261天。可见，把握好双休日，对我们来说是至关重要的。

对中学生来说，比较可行又有益处的过双休日的办法还是以学习为主，但不一定以学习课堂知识为主。有的专家认为，平时课堂知识没有学好的同学，应以复习课堂知识为主制订学习计划，其他同学则应以阅

读课外知识性读物为主，适当地辅以课内重点内容的复习。

双休日怎样安排？我们可以参考下图中一位优等生制订的双休日作息时间表。

双休日作息时间表

上午	下午	晚上
6：50～6：55起床，收拾房间； 7：00～7：30早饭，做家务； 7：30～8：00听音乐； 8：00～11：30自学数、理、化各60分钟，每学一科，安排15分钟休息； 11：30～14：00午休，看午间新闻。	14：00～17：00自学语文、英语各50分钟，中间休息两次各20分钟，其余60分钟各科目机动； 17：00～18：30放松，健身，做家务； 18：30～19：00晚饭。	19：00～19：30看电视新闻； 19：00～21：30做自己感兴趣的事，如看课外书，下棋等。

把双休日的时间安排好了，你就能比往常起得晚，学得轻松，玩得也开心。

名师导航

一般来说，双休日两天，总共安排的学习时间以8～10小时为宜。其他时间，可根据自身的环境和条件，如到野外放风筝、游园、打羽毛球、滑旱冰等，还可以在家里搞一搞家庭读书报告会、诗歌朗诵会、卡拉OK演唱会、猜谜晚会等，过一个融知识性、趣味性、科学性于一体的双休日。

寒暑假应怎样度过

每个学生都盼望放寒暑假，但在漫长的假期里，如何妥善安排好学习和娱乐的时间，对下学期的学习影响很大。

姓名：何　燕

广西省文科高考状元

考入北京大学国际关系学院

优等生经验谈：

刚上高中时，我的学习成绩并不是很好，只在年级的中游水平。之所以后来我能成功地考入北京大学，一个很重要的原因就是我能够笨鸟先飞，平时寒暑假、节日放假的时间我都能合理地安排。我坚信一个理念——不必每一分钟都要学，但学的每一分钟都必须有效。

在谈到自己如何利用寒暑假的时间时，何燕同学是这样说的：

我会在寒暑假时先预习一下下一学期的课本，特别是英语课，这就需要提前去借课本，也可以去买课本和相应的课本同步资料。然后自己

给自己订好假期计划，每天看多少，做多少，每天完成任务便去happy一下，每周任务完成后可休息，双休日和同学逛逛街、打打羽毛球或排球、踢踢毽子、逛逛书城，有时还集体去周围风景名胜游玩。这样学习、休息、娱乐相结合感觉特别有劲，也不觉得闷。

这样一个假期下来，自己对这学期要上的课已大概熟悉了，只要上课认真听，那么一方面把懂的知识复习了一次，打记号不懂的又可以在课堂老师讲课时解决，这样课余时间会很充足，你能够用充足的时间学习新的知识，紧跟甚至超过老师的进程都不在话下，这就是我的笨鸟先飞招。于是我高二上学期结束时已预习完高中阶段的英语课文，对语文基础知识手册的基础内容也有所了解，这样为高三时语文的系统全面复习减少了阻力，真感谢自己当初的坚持不懈，我为当时的我感到骄傲自豪！

如果你能像何燕同学一样懂得利用寒暑假的时间，那么开学之后，你会惊喜地发现，你的学习成绩在不知不觉中已经有了提高。

名师导航

寒暑假要做的几件事：

1. 复习一下上学期的学习内容，把薄弱环节加强一下。

2. 预习下学期要学的内容，不必学得多深，但要对整体有所了解。

3. 多看几本有益的课外书。

4. 离容易着迷的游戏远一点，以免开学后难以自拔。

把自习的时间掌握在自己手里

对于中学生来说，自习的时间也非常关键，利用得好，就能对学习起到很大的帮助作用；利用得不好，就只能是白白地浪费时间了。

姓名：高危岩

毕业学校：山东省日照一中

考入北京大学地球与空间科学学院

优等生经验谈：

下午除了正课还会有一些自习，高中的时候学校一般还会安排晚自习，这是一天中最集中的自由学习的时间，一定要合理安排好。上课之前大概定一个计划，复习哪一科，准备看多长时间，做哪些练习等等，如果基础不太好的话就以结合老师的进度为主，如果自学能力比较强，精力还允许的话，也可以自己再另订一套计划，从不同的角度进行复习，比如老师是按课本顺序，你可以按专题等。

在谈到如何利用自习时间时，高危岩同学说：

大家都知道，学习最讲求的就是自觉性，道理已是老生常谈，我只想强调一点就是不要积留问题。问题总是越积越多的，当你抱着侥幸心理告诉自己“先放一放明天再说”时，你应该想到你可能永远不会有时间解决本该今天解决的问题了。不要给自己留后路，在学习上永远对自己苛刻一些。

每天的自习时间，要把当天所学的知识复习巩固，把发现的问题弄清楚。把做过的作业或者讲义整理一遍，整理三类题目：1.做错的题目。记录你做错的原因及正确的解答，以免再犯同样的错误；2.新的题目。即以前你从没见过的题目，多整理这样的题目能增强你遭遇新题时的信心，还能锻炼思维；3.有新解题方法的题目。当老师或同学使用一种你没想到的而又非常巧妙的方法解答一道题时，你应该记下这道题和方法，独立思考，真正理解这种做法的思维方式，消化吸收变成你自己的知识储备。能掌握方法而不是具体题目的人才能真正自主地学习。

自习的时间是完全由你自己支配的，安排得是否妥当决定了你这一天甚至这一周的学习效果。

最无效的学习方式

1. 自习课背英语单词。记忆类的科目应放在早上或利用零碎时间来进行，在自习课记忆单词或背历史、政治是事倍功半的。

2. 预习第二天的课程。今天的知识还没有完全消化吸收就盲目预习是最无效的劳动。

将学习时间记录下来

学习的时候，准备一个时间记录本，这样你就可以知道哪些时间你用来学习了，哪些时间用来放松了，哪些时间被你毫无意义地浪费掉了。

姓名：吴　悦
毕业学校：江苏省盐城中学
考入北京大学法学院

优等生经验谈：

在学习时，有些同学喜欢做一些毫无意义的事情。比如：摆弄不干胶、贴画，买块泡泡糖嚼个没完，类似的事情还有很多。要知道，这样的“小事”做的时间久了，就会形成一种不好的习惯，可以说这是一种对时间的极大浪费。如果你能把学习时间记录下来的话，你就会发现，有多少时间被那些毫无意义的事给浪费掉了。

为了更合理地规划时间，让每天的生活更充实，吴悦同学准备了一个学习记录本，把每天从早到晚每个时段所做的事都记在上边，具体到

分钟，有时还简略地记一点有趣的事，这样的安排近乎苛刻，但他的时间利用效率从此大大地提高了，而且每每翻看以前的记录时，都有一种充实感和成就感。吴悦同学还说：

我很想介绍给大家的方法就是记录自己每天的学习时间，而且是比较精确的记录。我原来的经验是精确到5分钟，这样就可以杜绝一种现象：坐在书桌前一上午，其实什么都没干，在记录的时候，走神儿，发呆都要刨除出去。这样到一天下来我们就会发现，其实每天可以真正用来学习的时间是非常有限的。虽然一天有24个小时，但是如果能真正学习8小时，就已经是一件很困难的事了。发现了这个残酷的现实，就更需要我们好好地抓紧每一分一秒，不能简单地认为，我上午歇会儿没关系，从中午12点到晚上再好好利用就行了。这样的思想是非常要不得的，如果老这样想，终将什么都干不成。

有了时间记录本，你就可以清楚地知道，在一天的24小时中，你究竟用了多少时间在学习上。

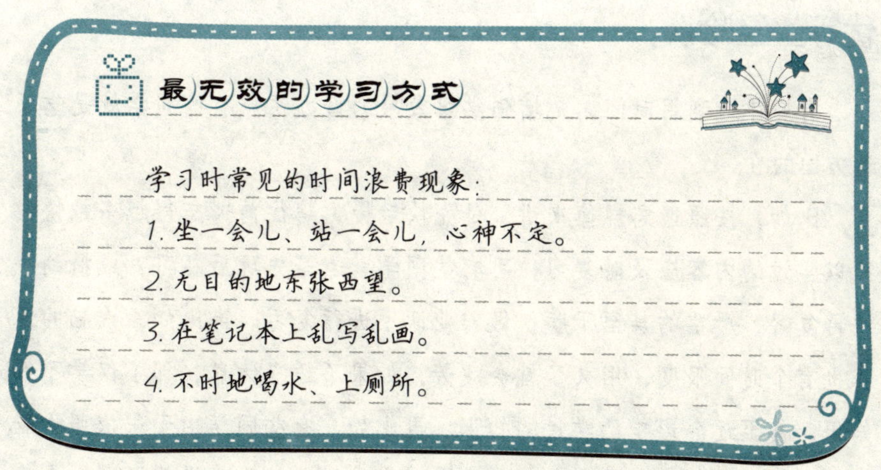

最无效的学习方式

学习时常见的时间浪费现象：

1. 坐一会儿、站一会儿，心神不定。
2. 无目的地东张西望。
3. 在笔记本上乱写乱画。
4. 不时地喝水、上厕所。

形成固定的学习规律

有许多同学时间看似用了不少，但没什么实质的效果。这其中最大的问题就是他们没有形成固定的学习规律。

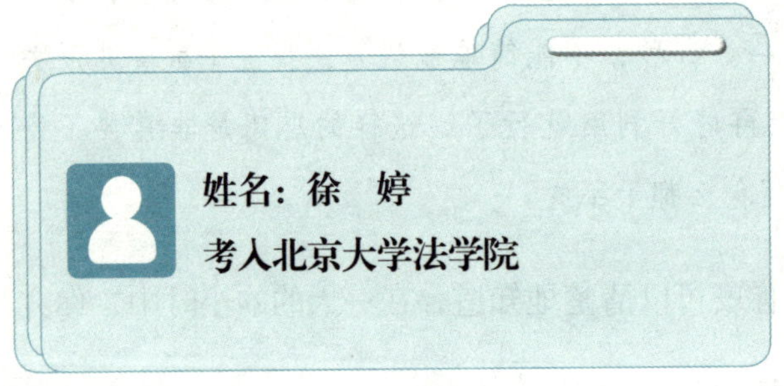

优等生经验谈：

有规律地利用时间，是增强学习效果的好办法。有的同学就是吃了这方面的亏。

比如，按照遗忘规律来讲，是先快后慢，越往前遗忘得越多越快，所以学过的内容应及时复习，可有些同学就老是先玩后复习，或攒到一块再复习，严重的甚至干脆仅做作业而不进行复习。再比如，大脑的工作也有个时间限度，用久了就会疲劳，如果不适当休息，那不仅学不好知识，甚至还会影响已学过的知识。再比如，有些同学由于未依照大脑的特点来安排时间，学什么总没有个固定时间，就说数学作业吧，今天早上做，明天自习做，后天也许就晚上贪黑做，类似的学习内容没有固

定时间，都是学习盲目的表现，结果大大降低了学习效率，也就无形中造成了时间的浪费。

徐婷同学认为，要形成固定的学习规律，具体到每个阶段学什么，也是非常有讲究的。她说：

1. 早晨头脑清醒适于记忆，所以每天早晨我都背一些英语课文或名家名段；但从不利用早晨的时间写理化的作业。

2. 中午午休后一般是写作业。由于我是班长，成绩比较好，所以有不少同学喜欢和我讨论问题。我利用中午时间写作业，这样可以做到心中有数，更好地为别人解答。

3. 自习课和晚自习一般是做一些练习题。我始终坚信“熟能生巧”，因此，做练习是我每天最愿意干的事。

4. 晚上回家通常是看一些英语语法之类的内容，分专题读一些，如虚拟语气、连词等等。

三年每天如此，学习越有规律，效率就越高，成绩上升得也就越快。

在时间安排上一旦形成了固定的规律，到时间就起床，到时间就睡觉，该学习时就安心学习，到了锻炼时间就自觉去锻炼，学习生活就会达到自动进行的境界。

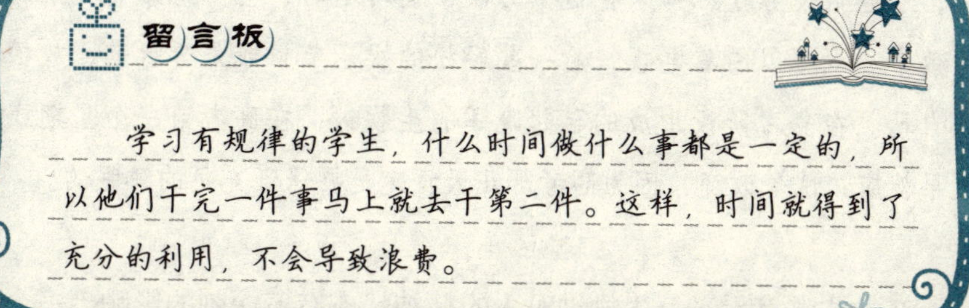

学习有规律的学生，什么时间做什么事都是一定的，所以他们干完一件事马上就去干第二件。这样，时间就得到了充分的利用，不会导致浪费。

021 培养稳定的生物钟

对广大中学生来说，要想提高学习效率，培养稳定的生物钟是非常有必要的。

姓名：左才杰克
毕业学校：湖南湘潭电机子弟中学
考入北京大学政府管理学院

优等生经验谈：

提高学习效率，关键是建立自己的生物钟，保证白天有精神，晚上有精力。我建议每天都要午睡，即便是小躺几分钟，也对下午和晚上的课及复习有帮助。下午回来之后，一定要运动运动，因为紧张学习了一天，已经很疲劳了，如果在这个时候不运动运动，会严重影响晚上的复习效率。也可以看看电视，看一些轻松的娱乐节目或是听听歌，放松放松自己。在复习阶段形成的早起晚睡的生物钟，在高考前一个星期或是更早就应该试着改变，因为高考那几天肯定是要保证充足的睡眠的。

在左才杰克看来，生物钟对人的精神状态有着深刻的影响，一个习惯晚睡晚起的人在上早课时必定效率不高。他说：

我以前高一时也总是爱睡懒觉，一到周末总得10点多了才起床，相应地晚上也是过了12点才能睡觉。久而久之，每天早上第一二节课我总是会打瞌睡，而学校里早上的课总是最重要的，时间长了，损失非常大。一到晚上，我总是特别兴奋，睡不着觉，第二天早上就会更困。这样的恶性循环，对身体和学业的损害都非常大。

上了高二，我决心改变这一作息习惯。在假期里，我强迫自己早上7点钟准时起床，白天无论多困都强忍着不去睡觉，晚上11点钟准时睡觉，即使非常清醒也要静下心来躺在床上。一个假期下来，我的作息时间就变得非常有规律了。这对我学习的帮助非常大。养成这样的习惯之后，我可以保证一天在校学习都精力充沛，而众所周知，专心听讲是学习中最重要也是最有效的环节，因此我学习起来就事半功倍了。而且身体状况也有所好转。调整好生物钟确实对身心都大有好处。

记住，建立了稳定的生物钟，你的学习效率才会有保障。

状元心得

学习一定要重视效率问题。有些同学，一方面大喊时间不够用，有压力，而另一方面又十分拖沓，干什么都紧张不起来。比如晚上做作业时总是磨磨蹭蹭，紧张不起来，临到睡觉了这才着了慌，又贪黑地苦熬起来。这样的情况，大家都应引以为戒。

022 寻找最佳时间段

每个人都有每个人的最佳时间段。所谓“最佳时间段”，是指学习效率最高、做事效果最好的时间段。把这个时间段抓住了，学习效率自然也就提高了。

姓名：陈晓蓉

毕业学校：江苏省盐城中学

考入北京大学光华管理学院

优等生经验谈：

要提高学习效率，除了保证充足的休息以外，还必须通过一段时间的实践，寻找出自己大脑活动的规律，什么时候记忆力最好、什么时候逻辑思维最活跃、自己擅长形象思维还是抽象思维，然后安排自己学习各学科的时间，确定具体的学习方法。

一般来说，寻找这一时间段一般有以下几个步骤：

第一，要先明确最佳时间段是整块的时间，而非零散的时间。至少是超出一节课的时间，才称得上是一个整块的时间段，才值得我们去寻

找。10分钟8分钟的时间段，只能称作零散的时间。

第二，整块的时间段一般或在晚上，或在早上。同学们是在校学习，可以自己支配的整块时间，只有早上或晚上。因此，寻找最佳时间段的问题就转化为弄清自己是“猫头鹰”型还是“百灵鸟”型的问题。所谓“猫头鹰”型，是指在晚上学习效率奇高的人；所谓“百灵鸟”型，是指在早上学习效率奇好的人。

第三，在确定了自己是“猫头鹰”型还是“百灵鸟”型之后，又应再进一步研究，这一最佳时间段具体应如何运用，方能取得最大效益，比如说，要探寻自己是在一定时间段就学一门功课效益好，还是交替学两至三门功课效益好，等等。

总之，找到你的最佳时间段，用好你的最佳时间段，是迅速提高学习成绩的一条有效的途径。

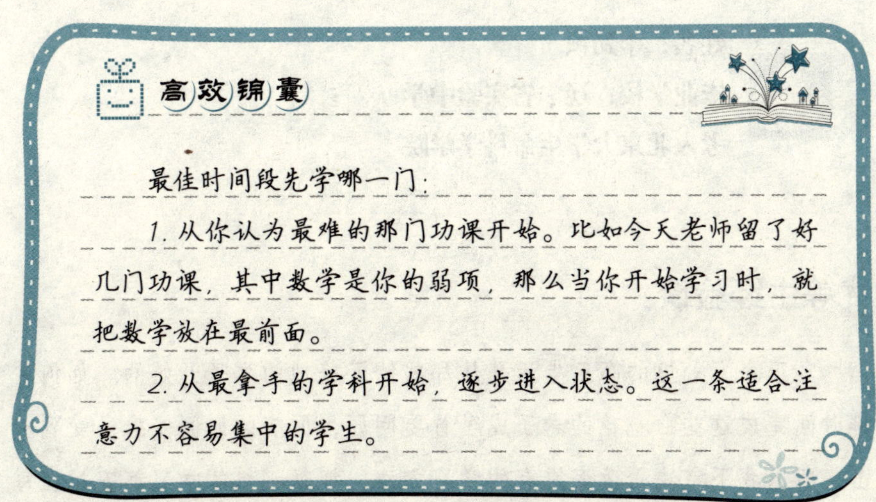

高效锦囊

最佳时间段先学哪一门：

1. 从你认为最难的那门功课开始。比如今天老师留了好几门功课，其中数学是你的弱项，那么当你开始学习时，就把数学放在最前面。

2. 从最拿手的学科开始，逐步进入状态。这一条适合注意力不容易集中的学生。

在固定的时间学习固定的科目

根据巴甫洛夫条件反射原理，如果在固定的时间学习固定的科目，每当打开书本，大脑的有关部位就会不由自主地兴奋起来，就好比每到吃饭时，人就会感到饿一样。所以，在固定的时间做固定的事情，有助于取得更好的学习效果。

姓名：李劲颖

毕业学校：辽宁省实验中学

考入北京大学生命科学学院

优等生经验谈：

真正令人心惊的高三生活是从那些铺天盖地的卷子开始的。如何安排时间完成这些白花花的卷子成了首要问题，原有的时间安排了受到冲击。所以我下定决心改变原有的学习方法，把每一科的学习都安排在每天固定的时间里，什么时间做什么题，什么时候看什么书都安排得井井有条。不管发下多少试卷，我只按自己的时间安排来做，绝不会为了完成某一科的卷子而耽误了另一科的学习。

李劲颖同学的改变是及时而正确的，她给自己定下规矩，给每科安排好固定的时间，例如早上15分钟读英语，课外活动时间做一道政治辨析题，晚上用一段时间钻研数学。睡眠、休息也有详细安排，学习和生活都有条不紊地进行。为了不至于一味跟着老师跑，而使学习只有数量没有质量，在每天晚上睡前，都闭着眼睛回忆今天所复习的内容，每个周末再把一周的知识在脑中串一遍。这么做看似是总在重复，其实若不这样做，前面复习后面就会忘，尤其是文科记忆量大，更需下大功夫，第一轮复习费点力气，在二三轮提高能力时，就可以匀出大部分精力来对知识进行深入分析。

在固定的时间学习固定的科目，就不会为了确定学习哪一科目、完成哪一项学习任务而游移不定，白白浪费自己的时间。

一般而言，一天学2科或3科为宜。一天只学一科容易疲劳和枯燥。每天学5科则会使每科的学习时间过于零散，不利于学习的连贯性和系统性。

选择最佳的学习环境

要实现自己的学习计划，学习场所的选择和时间的管理同等重要。

姓名：葛　宁
毕业学校：北京166中学
考入北京大学

优等生经验谈：

好的学习环境是要努力去寻找或创造的，不要安于不好的学习环境。要把自己放在一个能促使自己专心学习的环境之中。有的学生家庭条件好，但仍坚持到学校学习，问他们为什么舍近求远，他们说，在家里一个人不习惯，往往管不住自己，一会儿想吃东西，一会儿又想躺一会儿，学习效率很低；在学校学习虽然物质条件差点，可是学习的气氛比在家里好多了。

一个学生如果明明知道学习环境不好，知道自己缺乏自控力，那就应该迅速离开这种环境，在这时犹豫就意味着失败。

那么，怎样选择或创造一个最适宜学习的环境呢？

条件好的学校，同学们的课余时间可以到自习室或图书馆去学习，这时最好能避开过道，选择一个较少干扰的位置，准备好学习所需用具，如纸、笔、课本和资料等，然后静下心来，训练自己按计划一次做完一段工作。每次到自习室或图书馆去学习，最好都能按习惯坐在同一个位置，这样有助于集中精力，使自己迅速进入学习状态。

中学生的课余时间一般都是在自己家里学习。那么就应当找一个光线充足、不对着窗户的地方。要尽量避开令你分心的东西和景物。如朋友的照片、需要回复的信件、杂志报纸等，因为这些都会使你分心，浪费你的时间。如果有自己独立的书房，应将自己的书房布置得整洁、明净和优雅，营造一种清新和宁静的学习氛围，这样有助于提高学习的效率。

假若自己家里的学习条件不好，周末或星期天的自由学习时间，可以到公共图书馆去，那儿有理想的学习条件：学习气氛、丰富的图书资料和正在埋头读书的人们。

总之，在条件允许的情况下，尽量为自己选择一个适宜的学习环境，这对时间的高效利用是有益无害的。

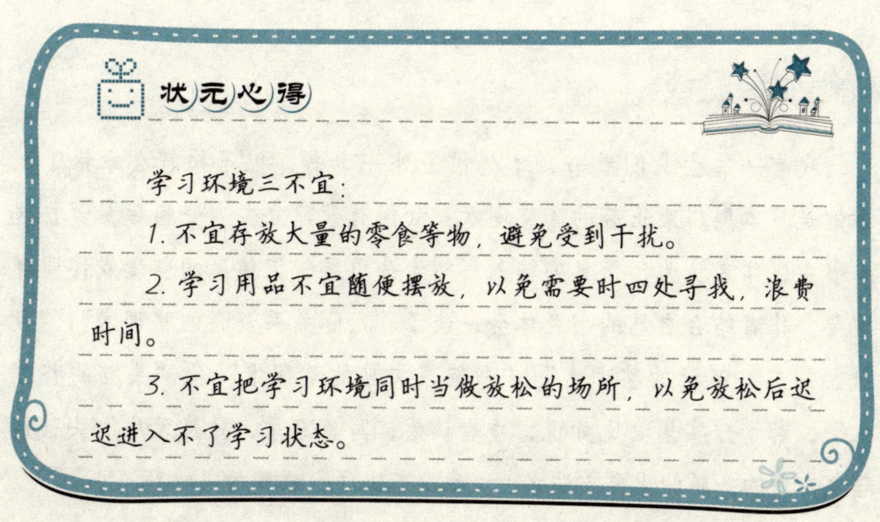

状元心得

学习环境三不宜：

1. 不宜存放大量的零食等物，避免受到干扰。

2. 学习用品不宜随便摆放，以免需要时四处寻找，浪费时间。

3. 不宜把学习环境同时当做放松的场所，以免放松后迟迟进入不了学习状态。

"整理术"与"备忘录"

前英国首相撒切尔夫人说过："事情再多再忙，也是个时间安排的问题。我的做法是：在备忘录上写下当天要做的事，然后一项一项地去'消灭'它。"高中时的学习也是十分紧张的，我们也不妨将要做的事一项项列出来，然后再去"消灭"它。

姓名：王静园

毕业学校：中国人民大学附中

考入北京外国语大学

优等生经验谈：

我有一次去北图看书，本想借另外一本书，但不知怎么拿错了，拿的是日本黑川康正著的《整理术：如何有效建立个人资料库》。在这本书中，作者认为，信息的输入当然十分重要，但信息的整理或许同样重要。作者结合自己的切身体会，谈了"人际关系资料的整理术""报纸、杂志、笔记的整理术""书架、文具的整理术"及"头脑的整理术"，都十分实用。比如说，作者认为，写备忘录，是将无序的头脑整理成有序的头脑的重要方法之一。我照着做了，感到的确收获不小。

王静园同学说，经过一段时间的实践，她的备忘录比作者介绍的又有所发展，大致可分为以下几步：

1. 头一天晚上（或每天早上）将这一天要做的事情写成备忘录。

2. 用“☆☆☆”（表示最重要）、“☆☆”（表示重要）等符号，在每项备忘录前打好记号。

3. 每天晚上对照检查完成情况，完成了即划去，未完成的顺延入次日的备忘录。

王静园同学说，有了备忘录，事情再多，时间再紧，也不忙不乱。正是一份又一份备忘录，伴随着她走过高三，走向成功。

省时妙招

在文具盒内放张纸条，写上每天该做的事情。这些事情，有可能是头天就计划好要做的，也有可能是当天才临时决定要做的。

缩短“学习疲劳期”

学习有“最佳时间段”，自然也会有“学习疲劳期”。如果你能把“学习疲劳期”缩短到最低程度，学习效率自然也就提高了。

姓名：肖梦君
毕业学校：江西省新余一中
考入北京大学光华管理学院

优等生经验谈：

我觉得自己的心情应该是学习当中最重要的。很多人，或许是每个人都会有“学习疲劳期”，我很少强迫自己在那种时候拼命苦读（除非当天晚上有重要的测验）。只有在自己有心情看书的时候效率才会是最高的，而且这种学习或许能帮助你降低一下对学习的厌烦度。当然，这里有一点非常重要。那就是你的“学习疲劳期”千万不能太长了。若是“你想学习的时间”保持在“0”的水平，那么你肯定将一无所获。

为了缩短这种疲劳期，肖梦君同学采取的办法是各门课程交错学习。她说："任何一门课程我一般不会连续学习超过两个小时（有时候甚至刚端起一本书却发现对它毫无兴趣，于是我就会赶紧换一本更加有吸引力的）。我认为这样学习确实能在一定程度上尽量延长学习时间，而且也可以平衡一下各门课程。"

肖梦君同学的这个方法是正确而有效的。脑体集合、文理交替，这是学习时间安排上的一个基本准则。思维要靠大脑，学习是个艰苦劳动的过程，要使大脑神经细胞正常工作，就必须保证脑细胞的新陈代谢。所以在时间安排上，不要长时间地从事单一的活动。应该像学校的课时安排一样，学习一段时间应安排一点休息间隙；比较长时间学习以后，应当去锻炼或娱乐一会儿，然后再回来学习。对学习科目的安排，要注意文理科交替，相近的学习内容不要集中在一起学习。同时，要掌握自己的生物节律，协调好学习和娱乐活动的时间，应根据自己一天的智力活动节律合理地设计与安排。只有这样，才能大大提高学习的效率。

记住，当你对某一科目已经开始极度厌烦的时候，不妨换个科目试试。

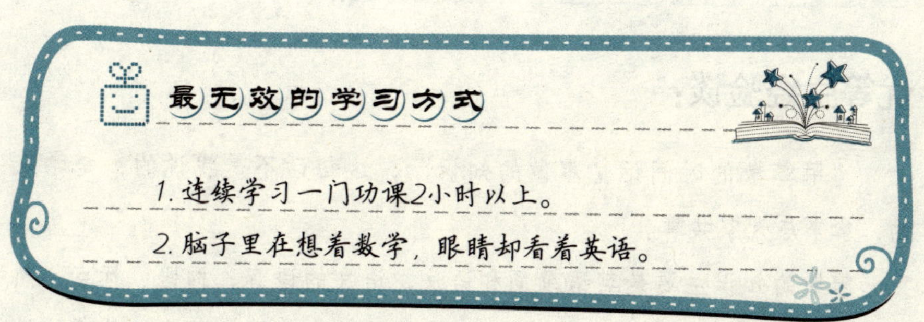

用零散的时间学习零散的知识

许多同学往往认为那些零散的时间没什么用处，其实这些时间看似很少，但集腋能成裘，几分、几秒的时间，看起来微不足道，但汇合在一起就大有可为了。

姓名：张文静
毕业学校：河南省禹州一高
考入北京大学新闻与传播学院

优等生经验谈：

“用零散的时间记忆零散的知识”，这句话不是我说的，是学来的，拿来与大家共享。

零散的知识主要是英语单词和语法，语文的语音、词语、标点、熟语等基础知识。大块的读书时间可以用来读文章，记忆政史地等系统性很强的知识，而把那些零碎的知识写在小纸片上，随身携带，在零散的时间记忆是最好不过的了。

利用零散时间，要巧妙、得当。下面是有效利用零散时间的一些

技巧：

1. 嵌入式技巧。嵌入式即在空余的零碎时间里加进充实的内容。人们由一种活动转为另一种活动时，中间会留下一小段空白地带，如饭前饭后、等车时间、找人谈话等候时间等。对这些时间可以充分利用，根据时间的长短来安排学习内容。

2. 并列式技巧。并列式即在某项松散活动进行期间，同时开展又一项活动。例如等人的时间，可用来背公式、记单词；散步时可用来观察事物，提高作文水平；在乘车回家时可以回忆当天的学习内容，等等。

3. 压缩式技巧。压缩式即把零星时间压缩到最低限度，使其尽快结束，从而将时间转入到学习当中去，例如将起床后的洗漱时间进行合理的压缩，从而能尽快进入晨读。

“用零散的时间记忆零散的知识”可以说是张文静同学提高学习效率的一个有效的方法。很多同学经常在学习中抱怨没有时间，其实，并不是时间不够，而是他们不懂得如何去利用罢了。

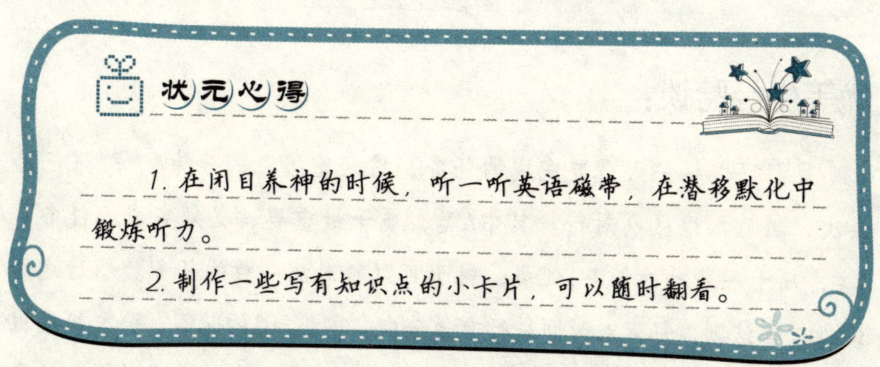

永远先做最重要的事

时间管理的精髓在于，每天任务分清主次，永远先做最重要的事。

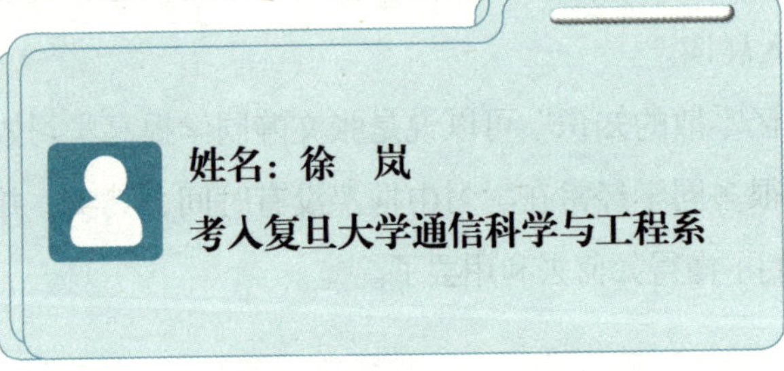

优等生经验谈：

我们可以将一天需要完成的任务，按轻重缓急，分为A、B、C三个层次，然后加以区别对待。其中A类，属于最重要、必须完成的任务；B类，属于一般性的任务；C类，属于可以暂时放一放的任务。然后运用80/20效率法则，每天对时间进行有效分配。即把80%的时间，分配给最重要的20%的任务；把20%的时间，分配给80%的一般任务，实现时间与效率的高度统一。

这一天，如果把A、B两类任务完成了，就完成了学习的80%。对于C类，当天如果还有时间就做，没有时间就放一放；万一情况有变化，C类事情需要当天完成，再视具体情况，或划入A类，或划入B类。

同样，我们可以根据重要性和紧迫性程度的不同，将所有的事情分为四类，它们分别是：

第一类，重要且紧迫的事，如各门学科的终考、高考、中考和小考等。第二类，重要但不紧迫的事，比如：学习能力、创新能力的培养以及基础知识的掌握，等等。第三类，不重要但紧迫的事，如不速之客、电话、邮件等。第四类，不重要且不紧迫的事，如阅读无聊小说、收看毫无价值的电视节目等。

将第一类作为每天最重要的事的人，常常天天忙于加班加点，精神长期处于高压状态下，学习效率并不高。

关注第二类的人，会大大提高第一类事情的效率，也让人更加自信。因为第二类事情与第一类事情息息相关，而且是办好每一件的前提条件。

而第三类事应该设法减少；第四类事应该尽量舍弃。

坚持每天先做最重要的事情，就能在繁杂的学习任务面前保持清醒的头脑，有条不紊地、高效率地利用时间。

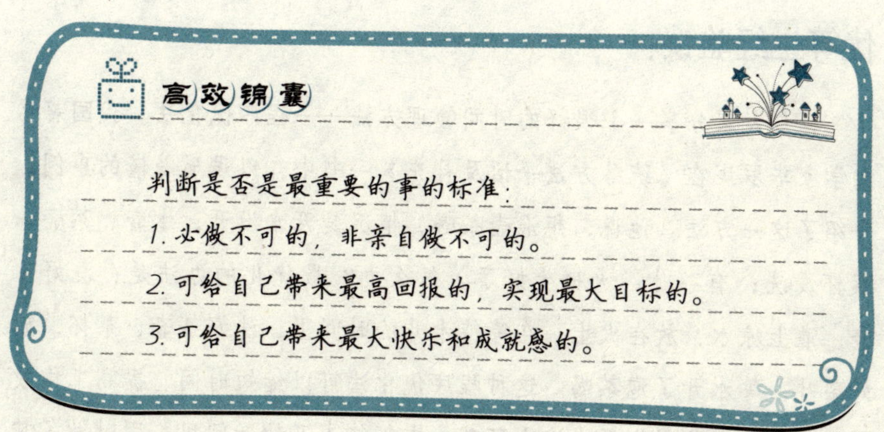

判断是否是最重要的事的标准：

1. 必做不可的，非亲自做不可的。

2. 可给自己带来最高回报的，实现最大目标的。

3. 可给自己带来最大快乐和成就感的。

同一时间做几件事

这是一种统筹安排，兼顾全局，高效利用时间的方法，也叫程序优化法。

姓名：史晓羽

毕业学校：天津南开中学

考入清华大学

优等生经验谈：

我与大家分享一个很好的时间管理方法——程序优化法。我国著名数学家华罗庚在《统筹方法平话及补充》一书中，以浅显易懂的事例，介绍了这一方法。他说，想泡壶茶喝，情况是开水没开；水壶、茶壶、茶杯没洗；有茶叶，火也生好了。怎么办？最优化的办法是：洗好水壶，灌上凉水，放在火上；在等待水开的时间里，洗好茶壶、茶杯，放好茶叶；等水开了泡茶喝。这种程序优化法可以缩短时间、提高工作效率，关键是抓住了烧开水这个环节，在等待水开的时间里，同时做了其他几件事。

史晓羽同学所引用的这个例子可以说是程序优化法的一个典型事例。具体来说，程序优化的方法是：

1. 并行做几件事，提高单位时间的效率。很多同学上网，常常同时穿插完成两个或两个以上任务。比如：如果要上网浏览新闻、下载学习资料、回复电子信函，由于下载资料所用时间较长，于是，他们在执行下载任务的同时，回复信函、浏览新闻。当下载任务结束时，其他任务也完成了。

2. 简化步骤，缩短时间，提高效率。崔西定律指出：任何工作的难度与其执行步骤的数目平方成正比。比如，完成一件工作有3个执行步骤，则此工作的难度是9；完成一件工作有5个执行步骤，则难度是25。简化工作流程，就意味着节省时间。

3. 预定日程，不打乱仗。预定日程，是程序优化的一种重要方式。中国工程院张履谦院士，虽已年逾古稀，仍参与我国多种应用卫星、载人飞船、月球探测和空间测控等方面的研究，事务繁多。他管理时间的办法是预定日程，常常几个星期的日程，已经提前安排得满满的。

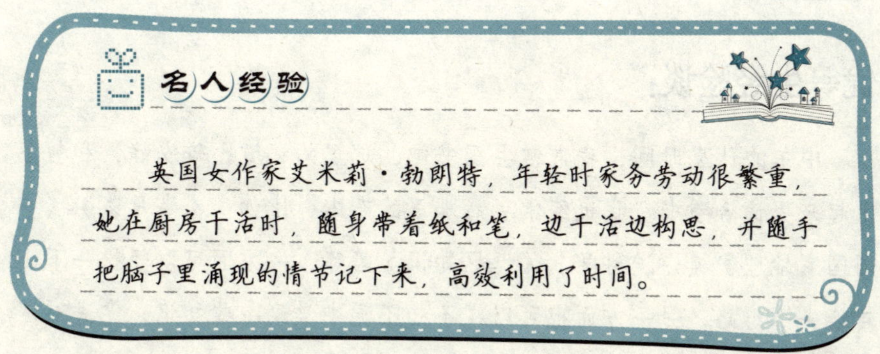

名人经验

英国女作家艾米莉·勃朗特，年轻时家务劳动很繁重，她在厨房干活时，随身带着纸和笔，边干活边构思，并随手把脑子里涌现的情节记下来，高效利用了时间。

善用中午与晚饭前的时间

中午与晚饭前的时间能做什么？很多同学都认为这些时间无关紧要，于是都荒废掉了。其实，把中午与晚饭前的时间利用好了，同样可以对你的学习有很大的帮助。

姓名：宫金玉

毕业学校：辽宁省沈阳二中

考入北京大学国际关系学院

优等生经验谈：

中午的休息时间，我常常去图书馆，那里的环境比较安静，和教室比起来更适合看书。我也经常去看那里的杂志，比如：《半月谈》《中国国家地理》《走进科学》《世界知识》等等，一方面可以轻松一下，转换一下思路；另一方面也可以在不知不觉中学到一些知识，促进对课本的理解，开阔思路，提供素材。当然，天气比较好的话，中午出去运动运动也是个不错的选择，打打羽毛球，踢踢毽子什么的，大家玩一玩，下午的精神也会好一些。

宫金玉同学对晚饭前的时间也非常重视，她说：

晚饭前的那段时间也很重要，如果那段时间比较长，我会继续完成功课；如果时间比较短，我就利用这段时间为晚上的自习提前做些准备，比如把今天要做的功课，要复习的课本，要参考的资料全都放在桌上，等用的时候，顺手一拿就可以了，省得临做题时又一遍遍地翻书包。其实，时间是挤出来的，也许这些零碎的时间加在一起不过一两个小时，但一般我们熬夜不就为这一两个小时嘛，10点睡觉和12点睡觉差别就在这里。

就像宫金玉同学所说的那样，不要看不起中午及晚饭前的时间，要知道，小时间也有大用处。

状元心得

中午不宜做的几件事：

1. 不宜做剧烈运动。中午可以进行一些放松活动，但不宜进行踢足球、打篮球等剧烈运动，否则你下午上课的时候运动兴奋感还没有消失，会影响学习效果。

2. 不宜看大部头的长篇小说。中午的时间比较短，很难把一本长篇小说看完，到下午上课时你的思路会还停留在小说中那些人物的命运和事态的发展走向上，无法把全部精力都集中在学习上。所以中午看一些简短的知识性的期刊杂志比较适宜。

利用睡前醒后的时间记单词

每天利用晚上睡觉前和早上睡醒后这两段时间记忆英语单词，效果奇佳。

姓名：张雅丽

考入清华大学经济管理学院

优等生经验谈：

记忆英语单词是一项很艰苦的工作，必须集中全身心的力量才行，所以外部环境的干扰越少越好。刚睡醒和睡觉前，是人一天中头脑最清楚、杂念也最少的时候，把这两段黄金时间用在记忆英语单词上，就犹如把好钢用在了刀刃上。

所以，睡前的时间我几乎都用在了英语上，或背单词，或听英语磁带，锻炼一下听力。这样既不浪费时间，又促进了睡眠，一举两得。

那么，在睡前和醒后要怎么背单词才最有效呢？下面是一些具体的做法：

把一天学到的单词和带有这个单词的句子分两行抄在白纸或本子上，如：

bread[bred]面包（能用图画表示更佳）

Please pass me two pieces of bread.

以下接着抄写其他的单词和句子。当确信自己已记住这些单词（可以是三五个，也可以是十几个）和句子时，闭上眼睛，这时便会感到这些单词在眼中出现（不这样做也可以）。然后什么事也不要做，立即躺下睡觉。第二天早上起来，不要做其他的事，尽量回忆前一天临睡前记过的单词和句子。也许你只能回忆起其中的几个单词或句子。可能先回忆起的是带有那个单词的句子，而不是单词，顺序也可能不一致。边回忆边写在纸上。实在回忆不出时再看昨天写过的纸，这样再复习两遍，以此加深记忆。

据称，使用这种方法，起初每次只能回忆起四五个单词，但以后便逐渐增多。一般能回忆起十个左右。即以一天20个计，10天就是200个，100天就是2000个，那么一年不就可以记上6000个左右英语单词了吗？三年呢？

这种睡前醒后记忆法是有科学依据的，根据心理学研究，人们学习的材料会受到以前记忆内容的影响，也会受到以后学习内容的干扰。一天之中，中午记忆效果最差，晚上和早上较好。因为早上学习，较少受以前学过的内容的影响，而晚上学习则可有较长一段时间不受以后学习内容的干扰。

如何利用课后辅导的时间

现在很多学生都参加了辅导班，如何利用这个时间就成了大问题。

姓名：夏　菲

毕业学校：上海中原中学

考入北京大学

优等生经验谈：

为提高成绩，越来越多的同学参加各种辅导班，家长也忙不迭地为孩子找各式各样的家教。我本人在高中阶段也请过一些老师辅导功课，效果也非常不错。在课后辅导的问题上，我觉得应把握三项原则：其一，课后辅导永远处于从属地位；其二，课后辅导应量力而行；其三，必须与辅导老师产生互动。

对于这三条原则，夏菲同学又进行了详细解说：

1. 课后辅导永远处于从属地位，课堂上45分钟才是最关键的。有些同学在上了课后辅导班或请家教之后产生依赖心理，认为反正课后有人

教，上课也就马马虎虎，这绝对不可取。在课堂上，老师是按教学计划系统地传授知识点，这是我们接受知识最关键的步骤；而课后的辅导只是解决你在消化吸收这些知识点过程中所遇到的各种问题，属于巩固知识的阶段，切不可本末倒置。

2. 课后辅导应量力而行。不少同学几乎每天晚上都奔波于各式各样的辅导班，越学越累，越补越差。人的精力是有限的，补课太多反而影响现有课程的学习，应该有重点、有取舍。

3. 必须与辅导老师产生互动。不少同学似乎对老师有畏惧心理，上辅导课总是唯唯诺诺，老师说什么就记什么，很少主动地与老师交流。其实这根本没必要，辅导课本身就不同于平时上课，自由性比较大，没什么纪律要求，我们要充分利用这几个小时的时间，尽可能多地解决自己在学习过程中碰到的问题。师生之间的这种互动，对双方都会产生动力，大大提高补课的效率。

课后辅导的时间，利用得好，能提高你的学习成绩；利用得不好，反而会浪费时间。

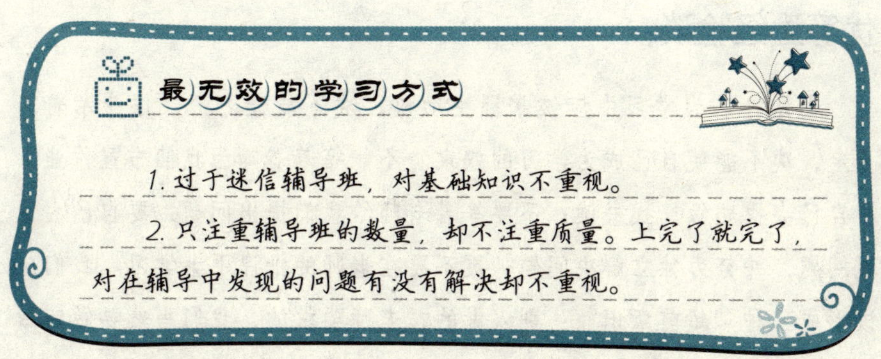

最无效的学习方式

1. 过于迷信辅导班，对基础知识不重视。

2. 只注重辅导班的数量，却不注重质量。上完了就完了，对在辅导中发现的问题有没有解决却不重视。

把主动权掌握在自己手中

在学习中，应该把主动权牢牢地掌握在自己手中，被动的学习永远是事倍功半的。

姓名：王春来

考入北京大学社会学系

优等生经验谈：

我始终认为学习中应该掌握主动权，决不能让老师、作业牵着鼻子走，决不能使自己成为学习的奴隶。不能等着老师为我们布置作业，要自己去找题做，找书读；不要等着老师给我们提出问题，要自己去发现问题，并努力独立解决问题；更不要在老师的批评下去学习。我们应该形成一种“超前意识”：别人做的，老师要求的，我们当然要做完做好；别人未做的，老师未要求的，我们仍然要去做，并争取把它做完做好。掌握主动权最显著的一个效果是：你可以拥有更多的属于自己的自由时间，你可以按自己的意志随意地学习。

善于利用自由时间是掌握学习主动权的一个关键。对于学习基础不好的同学来说，在开始阶段自己可支配的自由学习时间几乎没有或者很少，因为他们每天完成老师当天布置的学习任务就很不容易了。但随着学习水平的提高，他们的常规学习时间将会逐渐减少，而自由学习时间会逐渐增加。由于开始阶段自由学习时间较少，所以，一般学生往往不容易抓紧，这也恰恰是他们的被动学习局面难以改变的原因。

因此，刚开始执行学习计划时，可能会觉得时间特别紧张，但这时即使需要占用一部分个人的娱乐和休息时间，也要确保计划的完全落实。只有坚持走过了开始这个阶段，过于紧张的学习状况才会改变。一个学生如果感到自己学习上有差距，并且希望尽快改变这种学习状况，那他就应当以分秒必争的精神去抓个人的自由学习时间。

总之，一旦抓住了自由学习时间，并且体会到抓自由学习时间给学习带来的好处之后，你就会努力去提高在校常规学习时间的效率，以增加自由学习时间，从而使自己掌握的学习主动权越来越大，一个生动活泼的学习局面也就会逐渐到来。

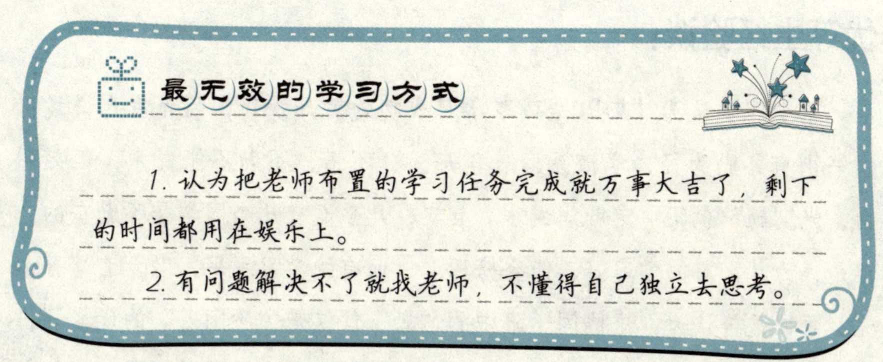

最无效的学习方式

1. 认为把老师布置的学习任务完成就万事大吉了，剩下的时间都用在娱乐上。

2. 有问题解决不了就找老师，不懂得自己独立去思考。

“没闲着”并不等于“有收获”

有很多同学看起来忙忙碌碌，但却没什么学习效果，这种“勤”是在毫无意义地浪费时间。

姓名：陈敏杰
毕业学校：河北省渤海中学
考入北京大学经济学院

优等生经验谈：

不少同学认为“勤”是获取学习成功的灵丹妙药，因为古人说过：“书山有路勤为径，学海无涯苦作舟。”不错，不勤不能成才，但要明白，光“勤”也不一定就能成才。其实，几乎没有几个同学是不勤奋的，但是，为什么有的学习好，能金榜题名，而有的学习平平，乃至名落孙山呢？可以这样认为，这些同学眼中的“勤”仅仅是“不闲着”的代名词，似乎我在读、在写、在练、在背就是“勤”，是充分利用时间了，要知道“勤奋”只有和“有效”结合起来才有意义。请问，如果你一天读了500页书，练了2000个字却没有记住一页、甚至一句话，没有记住一个字的结构特征乃至一个笔画的写法，那这种“勤读勤写”还有什么意义？

在陈敏杰同学看来，有许多同学学习精神很刻苦，但成绩不见提高，很大一部分原因就在于“学而不思”，或者说思考很少。

陈敏杰同学说，思考在学习中起着举足轻重的作用，打个不太恰当的比方，它好比化学反应中的催化剂。不妨假设你所学到的东西是一颗颗珍珠，大小不一，品种各异，如果让你立刻拿出某一型号的某种珍珠，你可能会找很长时间。假设你有一根红线，把不同型号不同品种的珍珠分别串起来，并且有一定的序号，那便会轻而易举地办到刚才那件事。思考就好比这根红线的作用。尽管思考的作用这么大，我们对思考的重视程度仍然是不够的。不然你反思一下，一天之中你用了多少时间来思考？是不是在书山题海中疲于挣扎？“题海无边，回头是岸”，做完每道题都需反思一下，这是何种类型的？解决这类问题的一般方法是什么？这样才能举一反三，而不是茫然无所得。

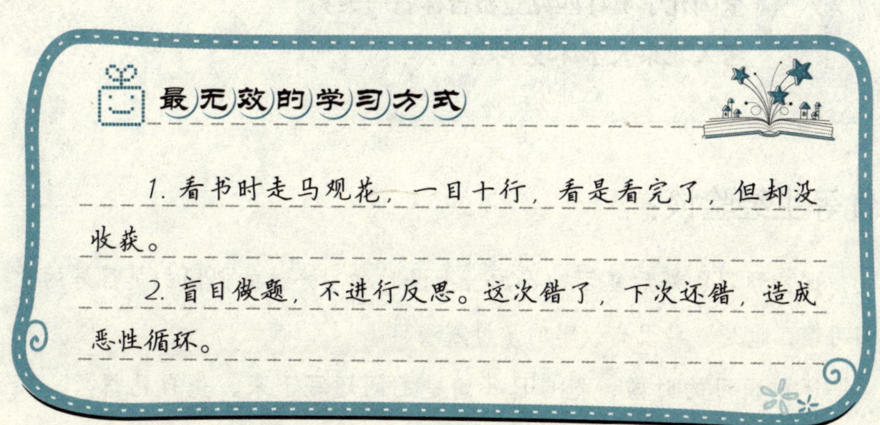

最无效的学习方式

1. 看书时走马观花，一目十行，看是看完了，但却没收获。

2. 盲目做题，不进行反思。这次错了，下次还错，造成恶性循环。

课前预习点到为止

大家都知道，课前预习十分重要，但怎样预习才能花最少的时间取得最佳的效果，则还需要掌握一些方式方法。

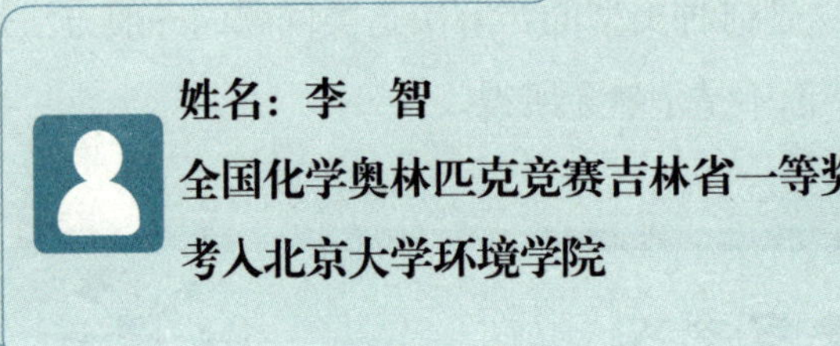

优等生经验谈：

课前预习、课后复习、再加上上课时每一分钟的把握，是很好的学习习惯，也是一种很有效率的学习方法。

课前预习的时候，把自己不清楚的问题写下来，先自己想想，实在不明白的，就等到上课时听老师讲解；自己想明白的，再听听老师的观点和看法，也一定会有意想不到的收获。我一般是在预习的时候把不懂的问题在书上画出来或是记在上面，这样在上课的时候拿起书，就知道自己哪些问题不清楚，就可以及时问问老师，而不至于把问题积累下来。但总的来说，我认为课前的预习不宜花费太多的时间，点到为止即可。

一般来说，课前预习都要经过以下几个步骤：

1. 粗略地过目教科书中即将要讲授的部分，对重点问题如中心思想、新概念等用红笔标出，对疑难问题用蓝笔标出，这是准备阶段。

2. 针对自己理解不透或遗忘了的旧知识，查阅有关学习材料，如词典、工具书、参考书等，并用批注的方式写在书眉上，或记在笔记本的副页上，以便以后学习时不用再查找。

3. 排除了学习障碍后，回过头来再看书，如果再有不清楚的问题，可以记下来，或做出重点听课标记，等上课时听老师来讲解。

总之，预习只是对即将要学的知识的一个大概了解，如果有难以理解的问题，不要钻牛角尖，做出标记，上课时用心听就可以了。

老师讲月考试卷的课，大可不必花专门的时间去预习，只要在课前花上3～5分钟，大致浏览一下卷子，在几道出错的题前画上重点符号，上课时留意听一听，即可。

听课不妨前松后紧

所谓“前松后紧”，是说听课时前几分钟不妨松弛一点，后面再紧张起来。一节课45分钟，一天好几节课，要想每节课自始至终紧张、专注地听讲，说实话也是件很难的事。

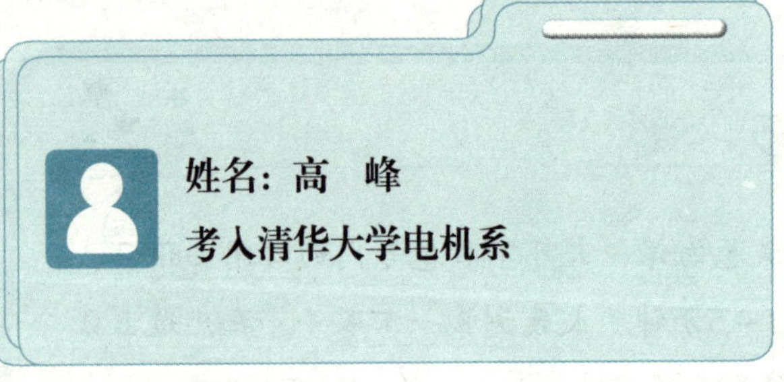

优等生经验谈：

那些在预习时很容易理解和掌握的地方，老师讲到时则不必全神贯注，让脑子放松一下，往后翻翻课本，或许会有新的收获。整整一堂课让脑子紧绷着一根弦，对一般人来说是受不了的。

有的同学上课一开始还能集中精力，可上到半截就开始走神。而老师上课时往往一开始是回顾以前所讲内容并引入新的内容，这些往往比较简单，接下来才是较深入的分析和讲解，那些才是最重要的东西。可偏偏此时不少同学已经是心不在焉了。因此不妨反其道而行，刚上课时先放松一点，后半节课再紧张起来。

据心理学家研究，青少年的注意力，一般只能持续20～25分钟。超过这个时间，注意力就会下降。有人对高一100名同学(50名男生，50名女生）就听课时间的长短进行了调查，大多数同学认为一节课45分钟太长，45%的同学认为30～40分钟为宜，37%的同学认为20～30分钟最好，甚至还有13%同学主张一节课在20分钟左右。

注意力可持续时间与正常教学一节课45分钟之间，就产生了一定的矛盾。高峰同学是一位有心人，他注意到大部分同学听课是“前紧后松”，前半节课尚能保持注意力，到了后半节课往往自觉不自觉地开始松劲。而课堂教学的内容，往往恰恰相反，后半节才是重头戏。所以，高峰同学提出了一个解决矛盾的办法：听课不妨前松后紧。

“前松后紧”原则的意义在于，这与大部分同学的习惯做法恰恰是相反的。一些注意力不容易集中的同学不妨试一试，也许会收到意想不到的效果。

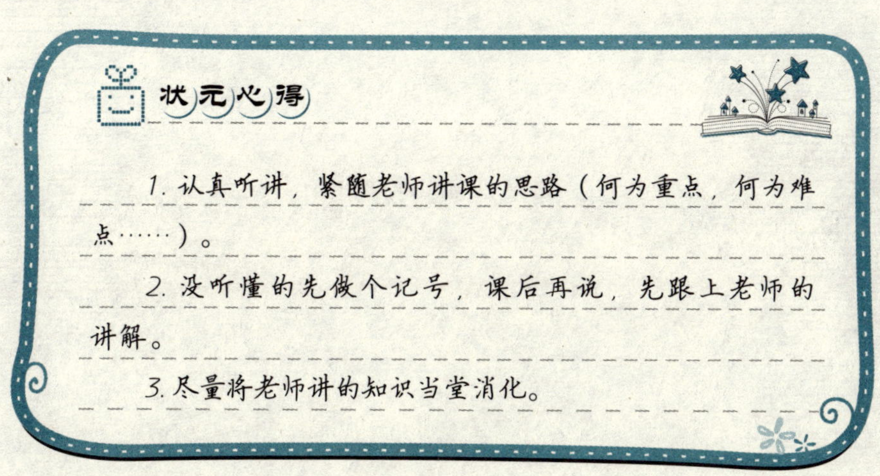

状元心得

1. 认真听讲，紧随老师讲课的思路（何为重点，何为难点……）。

2. 没听懂的先做个记号，课后再说，先跟上老师的讲解。

3. 尽量将老师讲的知识当堂消化。

善于利用零星时间的人，才会做出更大的成绩来。

——数学家 华罗庚

第三章 让每一分钟都有价值

学习效率与学习时间之间，并不一定是成正比关系的。学习时间越长，学习效率却不一定越高；学习时间越短，学习效率也不一定越低。因此，学习的关键并不是看你用了多少时间，而是你在这段时间里取得了多少收获。对时间的最佳掌控之道就是：让每一分钟都实现它的价值。这对中学生来说，就是要在最大程度上发挥时间的效益。只有这样，我们才谈得上是利用好了时间这一稀缺资源。

数量并不等于质量

时间≠效率，有人一天看一页，也有人一小时看十页；数量≠质量，做错两道不如做对一道。所以说，衡量你的学习效果如何，不是看你坐在书桌前的时间有多长，也不是看你做过的练习册有多厚。

姓名：曾宪乙

毕业学校：湖北省武钢三中

考入北京大学

优等生经验谈：

我高中三年从未参加过任何补课班，每天的睡眠时间一定保持在9个小时以上，高考前半个月也照常看小说、玩电脑。或许我连着一个月没碰课本，或许我一上课捧着小说读得哈哈大笑；但是一旦决定要学习，我就会忘了主人公叫什么，也听不到同学在唠嗑，我可以在一天内背下整本历史书或做完一本数学练习册。绝对的心无旁骛，舍此无他。疯狂地玩，疯狂地学，你说我是用功还是不用功呢？

也就是说，你并不一定每一分钟都要学，但你要保证你学的每一分钟都有效。在这方面，曾宪乙同学说：

我有搜购图书的癖好，市面上的各类辅导书我基本上都有。但是我唯一做过的一本完整的练习册就是数学精编。高考结束后，我清理出两麻袋练习册，基本上本本是空白。我做的综合题不多，模拟考试也是有选择性地参加。一个知识点如果不会，做再多的题也没用，只会加深错误印象，越练越错。你是否同一道题连续错好几次呢？每次都向错误迈进一小步，其结果可想而知。你是否同一种类型的题做了无数遍呢？你不但做了无用功，而且失去了学习新知识的时间。

题贵精，不在多。没有质量做再多的题也没用。所以我在练习时通常每做几道题，就要马上对答案，有错误及时修正。如果平均准确率低于85%，那就要放下习题，回头重新看课本了。

时间和做题的数量并不是与学习效果成正比的，让每一分钟的价值最大化才是最佳选择。

会做了就不做，做不会做的。善于学习与不善学习的同学之间的一个区别，就在于善于学习的同学很少搞“重复建设”，的确已掌握了的题，就不再做了，去做不会做的。而不善于学习的同学，老是搞“重复建设”，已做过的题过几天又做一遍，看似很忙，看似用功，其实做的都是无用功。

第一次就做对

这里强调的，是我们在平时做题的时候，要努力做到一次成功，而不要总是等着重新检查的时候再去发现自己的错误。给自己下一个死命令：每道题只做一次。

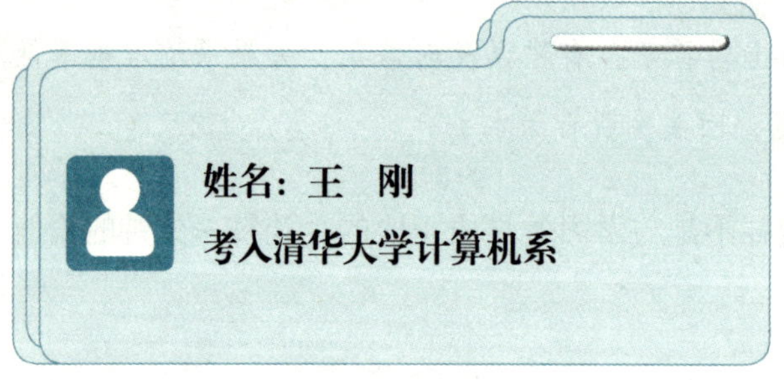

优等生经验谈：

我曾经遇到一道难题，百思不得其解，不得不求教于老师，由于老师采用的是最简单直接的方法，所以很快就能找到解题的思路，一步步展开；由于他计算的时候，全神贯注，特别认真，所以每一小步的计算结果都可以保证正确，而我常常因为某一步算得不对，结果越算越复杂，到后来局面就失去控制了；由于老师的数学功底相当扎实，遇到什么障碍，都能克服，而我遇到一些情况时，例如出现复杂的方程，就往往束手无策。三点的差距都不大，但综合起来，最后的结果却有天壤之别。而我总结了一下，第一点和第三点，应付考试和做题基本够用了，惟独第二点，看来最简单的，却是最难做到。

“第一次就做对”是一种好的做题习惯，在考试的时候尤其能够发挥巨大作用。多检查，其实是一个很大的误区，使大家在做题的时候抱有侥幸的心理，一味图快，以为自己还有检查的机会，结果却越查越错。

王刚同学说，很多人急功近利，做题时恨不得一口气把全部骨头都啃完，然后再从头来检查。这实在是个不好的习惯。做题太快了就会导致粗心大意，检查是补救的办法，是不得已的办法，检查出的错误越多，其实越糟糕，不是吗？说明你第一遍做得太粗了，看到的是这些查出来的，那些没发现的呢？躲在暗处的敌人才是最可怕的。因为人有个缺点，往往没记性，第一次犯的错误，往往检查的时候又会犯。因为完全是一个人，完全是一个思路，难免还会走回原处。正确的策略应该是追求一次成功，做得慢些、稳些，做完了就能保证会做的全对了，这才是本领。事实证明，每次考完一门，觉得挺累的，卡着时间刚刚做完，虽然来不及检查，但是分数往往很高。因为陷阱都发现了。找陷阱是很累的，也是很费时的。

记住了！一次就做对，比起第一次草草做完然后反复检查，效率更高，准确率也更高！

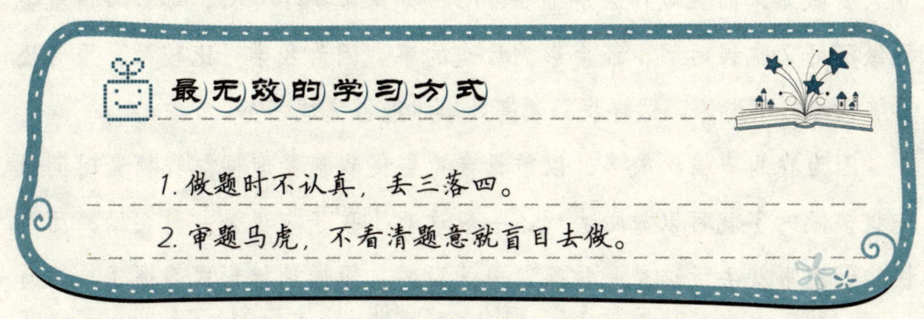

最无效的学习方式

1. 做题时不认真，丢三落四。

2. 审题马虎，不看清题意就盲目去做。

高效率来自好习惯

学生在学习过程中养成的良好习惯对提高学习效率和学习质量，对考试取得好成绩，都会发挥积极的作用。

姓名：黄　明

毕业学校：广西省柳州一中

广西文科状元，考入北京大学

优等生经验谈：

我觉得我的一个好习惯就是平时做事效率高，不拖延。今天的事情今天要做完，而且做什么事都要专心，如果做事不专心，那么事情就会既做不好又耽误时间，还会影响后边的事。因为我学习比较忙，平时还要练钢琴、学游泳，这样我必须高效率才能够完成任务。

因为我的事情比较多，以前母亲也督促我抓紧时间。我抓紧时间做完我该做的事就可以放心去玩，一般这对小孩子来说是一种奖励，而我快些做完事就去玩这是一种很简单的目的，慢慢地就形成习惯了。还有就是做一件事要么就不做，要做就做好它，这也是我平时的一种习惯，我一参与到某件事情里去，就会全身心地投入，不会有什么其他顾虑。

被誉为高考问题研究专家的王极盛教授认为，习惯不是分数，但重于分数。他说：习惯本身不是分数，但是良好的习惯将给一个人终生带来良好的影响，良好的习惯在学习过程中，在考试过程中将发挥重要的作用。从某种意义上讲，良好习惯在考试当中也是分数。例如，认真审题的习惯就能确保考生把这道题的意思弄清楚，只有把这道题的意思弄清楚，明白出题人考的是什么，才能迅速正确地答题，否则就会离题万里。有些考生学习成绩不错，但是没有良好的审题习惯，甚至有审题马虎的坏习惯，这次考试看错题，下次考试还看错题，一模考试看错了题，二模考试还看错了题，高考时仍看错了题。总是遗憾、遗憾、遗憾，但又总是没有改，为什么？就是不良习惯形成了。当然不是不能改，但改起来比较困难。

良好习惯对平时的学习更是有众多的影响。有的学生就养成了课前预习功课、课堂上认真听讲、课后按时复习功课的好习惯。养成了这种良好学习习惯的同学比那些在同等条件下没养成好习惯的同学成绩会好许多。

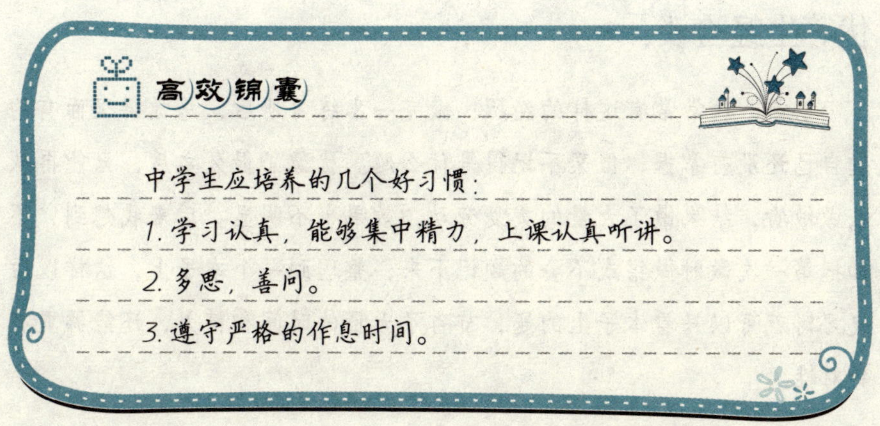

040 让错误变得有价值

每位同学都有做错题的经历，如果能利用好错题，则能让错误变得有价值，也能极大地提高学习效率。

姓名：潘伟明
毕业学校：黑龙江省哈尔滨三中
黑龙江文科状元，考入北京大学

优等生经验谈：

以前，我常常有这样的经历：做完一本练习册后，总觉得里面有的题自己还没有掌握，但又不记得是什么题。犹豫了很久之后，只能再从头做做看，结果做了大量的重复劳动，效果也不明显。后来我想到，不如把第一次做时做错或不会的题记下来，整理到一个本子上，这样以后复习时就可以只看本子上的题，节省了大量的时间和精力，还能够更有针对性。

自从建立了错题本后，潘伟明同学感觉自己的学习效率与成绩得到了很大提高。对此，她说：

我的做法很简单，就是每周日用三小时左右把各科复习中遇到的有价值的题目分门别类地放到错题本中。所谓有价值的题目包括两种：一种是错得有价值，一种是题型新颖、解法巧而不常规。错得有价值是这种错误暴露了你知识上的漏洞或思维上的偏差，把这两种题目收到错题本上以后，被总结过的试卷练习册就可以扔掉。这也是在为自己减负，不然试卷越积越多，考前根本看不完，并且抓不到重点。当然，总结会花不少时间，但我宁愿少看一本参考书也要建好一科错题本，因为它对你有针对性，上面全是对你有价值的题目，比任何一本参考书都有用。

随着错题本上内容的逐渐充实，你会发现命题方式变化有限。命题者把题命成哪种方式是为考你什么，哪些地方易设陷阱，自己又曾在什么地方人仰马翻，把这些通过错题本了然于心后，自然能知己知彼（命题者），把高考变成有惊无险的游戏。

所以，在平时做错题时我常常暗喜自己又找出一处隐患，为高考的成功增添了一处保障。平时错得越多，消除的隐患越多，高考的胜算就越大。

怎么样，学会了吗？赶快建立一个错题本吧！

错题索引法：所谓错题索引法就是第一遍做题时在做错的题目的题号上做上醒目的标记，并在页首标明有哪几道题做错。日后复习时就重点关注这些题，掌握了以后就划去，一遍遍复习下来，记号就越来越少。这种方法既节省了时间，又可以及时清除老题，有助于保持新鲜感和成就感。

把问题集中起来问

不少老师都鼓励学生多提问题，他们也不厌其烦地为学生认真解答问题，但同学们也要学会既解决问题，又节省双方时间的方法。

姓名：李　习

毕业学校：四川省成都石室中学

考入北京大学光华管理学院

优等生经验谈：

问题最好集中问。这时便显出杂记本的重要性了，上面的问题积攒到一定程度就可以跑趟老师办公室了。“递条子”是问问题的好办法，就是把问题列在纸上交给老师。第一，老师可以清楚地看到问题，并留有思考的余地；第二，通过问题，老师可以指出我们学习上的某些症结；第三，节省了双方的时间。

在这里李习同学提出了两点：一是准备一个杂记本，专门记录自己没有搞明白的问题。二是通过“递条子”的方式来向老师提出问题，节省了双方的时间。

但是，问题得到解答后并不是就万事大吉了，李习同学说，问得的答案一定要记清，这点至关重要。因为迷惑或犯错之处正是知识掌握不牢之处，暴露出来是件好事，记住了不再犯就是查漏补缺，是提高成绩的有力手段。建立专门的问题本是个好方法，要及时记录并时常翻看，把弱项变成强项。

在这里，问题本可以和前面所说的错题本合二为一，因为你不明白的问题和错题属于同一性质，都是自己在某些方面的薄弱环节，这样可以使你减少一个笔记本，从某种程度上来说也是间接地提高了学习效率。

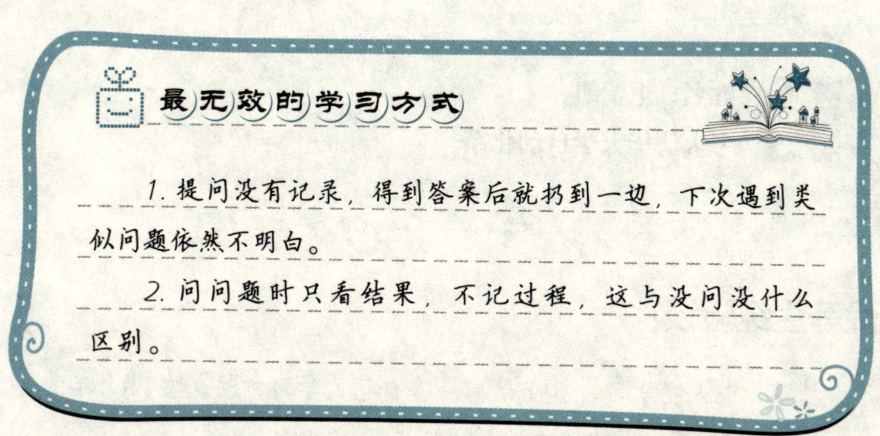

不要轻易说“我懂了”

“我懂了”这三个字说起来容易，但实际情况是这样的吗？在学习中，不要轻易说这三个字。

姓名：王怡凯
考入清华大学自动化系

优等生经验谈：

只要一个人在学习，就必然有一套自己的学习方法。在10余年的学子生涯中，感触最深、使我受益最大的是：少“嗯”多问。

先说“嗯”。课堂上，老师讲得绘声绘色、津津有味，而同学们听得聚精会神，并不时发出“嗯！嗯！”之声表示理解或赞同，这大概是老师很满意的课堂气氛和同学们也很得意的听讲效果吧？可是，我却认为这样一味地“嗯、啊！”随声附和、不动脑筋，并非一条十分有效的学习途径。我就常常把“嗯”后面的“！”变为“？”，凡事喜欢探个究竟而不轻易说“我懂了”三个字。

多问少“嗯”，王怡凯同学总结出的这个学习经验十分形象。他举例说：

比如，语文课上，老师教我们“移就”这种修辞方法，他解释说：“移就就是把本来只修饰某种事物的词临时移饰与它相关的事物。”还举了一个例子：“怒发冲冠”，说明其中“怒”本是修饰人的，这里移来修饰与人相关的头发，这就叫“移就”。于是我就想：这里的“怒”是否可以不看“发”修饰语，而看成被修饰的中心词，让“发上冲冠”作“怒”的补语呢？即使是“愤怒的头发”，又是否可以理解为拟人化的写法呢？

又比如，在物理课上，老师讲“电动势”一节时告诉我们内压、外压之和为电动势。于是我就又想：为什么它们的和为电动势呢？是否可以把这看成一个串联电路，电动势即为总电压，内压、外压就是分压呢？总之，老师说什么，自己并不附和，变“嗯！”为“嗯？”是我自以为很成功的学习方法。

看了上述内容，同学们以后上课时能否也像王怡凯同学那样，多问少“嗯”呢？

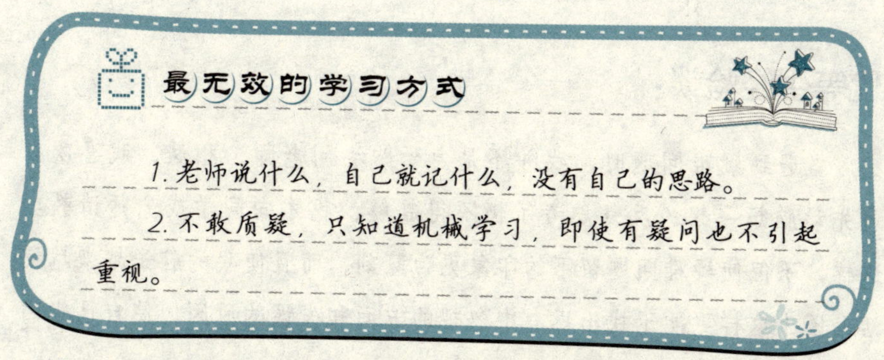

最无效的学习方式

1. 老师说什么，自己就记什么，没有自己的思路。

2. 不敢质疑，只知道机械学习，即使有疑问也不引起重视。

有题就问是在浪费时间

向老师请教是学习的好方法，但在这里不提倡的是不经思考、有题就问的现象。有的人遇到做错的题直接就拿去找老师。其实有些问题查过书，再经过自己的思考就可以得出正确的结论，这样能锻炼思维能力和解题技巧，会达到事半功倍的效果。不经大脑，拿题就问的做法时间长了就会使人产生惰性。

姓名：荣 希
毕业学校：天津外院附中
考入北京大学经济学院

优等生经验谈：

当遇到疑难问题时，我并不是急于跑去问老师，相反，我喜欢自己先动脑想一想，反复思考了仍不得其解，我才向同学或老师请教。这样，不但使疑难问题留下的印象更为深刻，而且使我的脑子越来越灵活，因为这样更便于找出思考中忽视的方面和失误的原因，使自己想问题更为科学、全面。

在做题时，我更加信奉这条原则，因为题目本身的答案对我们来说

并不是最重要的，最重要的应当是怎样思考，怎样找线索，怎样避免计算中的疏漏等等。一句话，就是尽可能通过独立思考，寻找解题规律，培养科学思维的方法，这样做出一道题的效果远比问后得到一个答案的效果好得多。当然少问不等于不问，对疑难问题还是不能放过的。

由此看来，问问题还是有许多技巧和方法的，下面就来介绍一下问问题应坚持的几个原则：

1. 问之前自己一定要深思熟虑，自己确实难以解决再去问，而不是见疑就问。自己不主动深入思考，不但学习得不到提高，还会影响你自主学习的能力。

2. 问要问到点子上，针对自己的疑难要害处发问，真正明白自己什么地方不懂，一针见血。

3. 不要问偏题、怪题，例如“为什么平面斜截圆柱体会得到椭圆”，除了作过特别研究的人之外，即使是老师，也很难回答这个问题。因此，问题一定要在平时学习范围之内，不要死钻牛角尖。

记住，遇到问题后自己先想一想，盲目发问只能是浪费时间。

最无效的学习方式

1. 不思先问。不经过自己的独立思考，盲目发问，就无法对问题有深入的认识，最后只是得到一个答案而已。

2. 重复发问。已经问过多次的问题，再遇到还是不会，根源是没有对问题进行总结和反思，从而形成这次不会，下次还不会的恶性循环局面。

紧跟老师的思路

有一些学习很好的同学，上课的时候往往并不听老师讲课，而是自己看别的书或是做一些习题。这是一个很大的误区。学生还是要利用好上课的时间，因为有老师深入浅出的讲解，能够最有效率地解决问题。如果课上错过了要在课后补救的话，可能要花费更多的时间。

姓名：章　慧
毕业学校：浙江省瓯海中学
考入北京大学外国语学院

优等生经验谈：

上课一定要跟上老师的进度。因为一天的时间主要还是花在课堂上。上课时讲的内容都是老师精心准备过的，任课老师的单科知识面要比你广，在这短暂的40分钟中，他会把自己认为最重要的东西传授给大家，面对这么一个丰厚的馈赠，我们为什么要回绝呢？很多同学会选择去补课，选择自我钻研。这固然是好事，但补课的老师也是按照上课的思路给你们讲述的。即使是补课，也要上课认真，跟上老师的进度。况

且上课不认真，你还能做些什么呢？所以说，上课要跟上老师的进度，而且课后要及时巩固，回想一下课上老师讲了些什么。当然你也可以比老师的进度更提前，因为老师毕竟是根据大众的情况来教授的。居高临下地去审视，去研究，问题就会更清楚，学习也就更有味道了。

我们可以看出，章慧同学认为上课时紧跟老师的思路是提高学习效率的一个好方法。以前，在这方面她也曾走过弯路，她回忆道："以前，我听课遇到不懂之处，总是急于马上弄懂。但是，当我还在继续思索这个没弄懂的问题时，老师却按教学进度继续往下讲了。因此下面的内容我就没有听进去，只得下课后自己去啃。这样常常事倍功半，甚至劳而无功。后来，我改变做法，听课遇到疑难时，就在书上做个记号，继续听课。有时会在听课中茅塞顿开；如果仍未弄懂，就课后思考；课后钻研仍无法解决，再和同学讨论或请教老师，直到弄懂为止。"

总之，上课要紧跟老师的思路，不能只顾自己思考问题而不听课，要避免顾此失彼的被动局面。

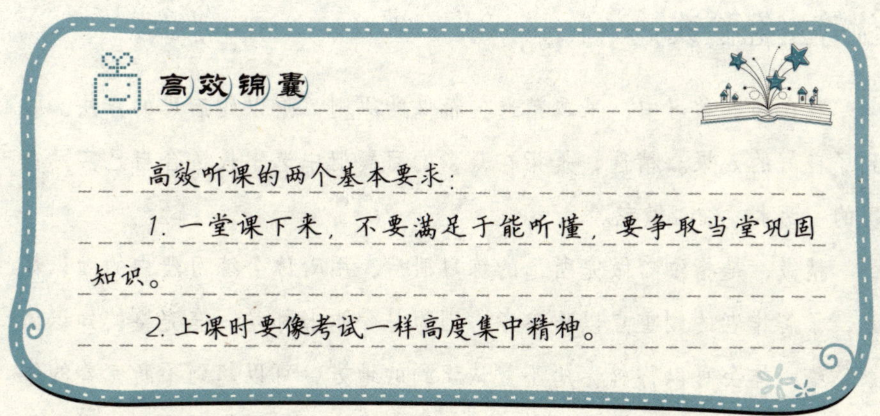

高效锦囊

高效听课的两个基本要求：

1. 一堂课下来，不要满足于能听懂，要争取当堂巩固知识。

2. 上课时要像考试一样高度集中精神。

有些练习题做了不如不做

对于深陷“题海战术”而不能自拔的同学来说，要记住一句话：题贵精而不在多，没有质量做再多的题也没用。

姓名：薛　涵

毕业学校：辽宁省朝阳二中

考入北京大学光华管理学院

优等生经验谈：

我在高三学习中，采取精选、精做的原则，附以题后思的方法，收到了良好的效果。精选，是指在众多的习题册中选出最适合自己实际情况的一两本，细心做完。

精做，是指细心做完所选的练习册后，用心体会练习册内的知识体系，了解作者的侧重点以作参考，因为每一本书都是一套完整的知识体系，细心体会可以弥补你所不曾认识到的地方，可以起到不断完善的作用。而题后思考的习惯是提高知识熟练程度，加深思维深度，增强自己思维严密性的一种行之有效的方法。

所谓题后思，就是在每次做完一道题后，花一定的时间用于回顾刚

才做题时的思考方式，以及思维为何在某处出现障碍，之后是如何解决的。刚开始做题后思的时候，可能会很慢，但随着不断的重复，速度会不断加快，最后大约每次只需花费10到20几秒而已。

具体来说，在做题时要注意下面几个问题：

1. 想一想，该题考查什么知识点？

2. 回忆一下，以前是否碰到过类似的题？

3. 此类题通常采用哪种解题方法？基本思路如何？如何寻找突破点？

4. 反思推导过程是否合理，逻辑是否严密，所考虑的情况是否全面。

5. 检查得到的结论是否合乎逻辑，与预期的结果相差大不大。

6. 最后总结此题是否有价值，有什么价值。将对自己日后有帮助的部分记牢，以便提高自己的解题能力和反应速度。

掌握了上述解题方法，你就可以用最少的付出来取得最大的收获！

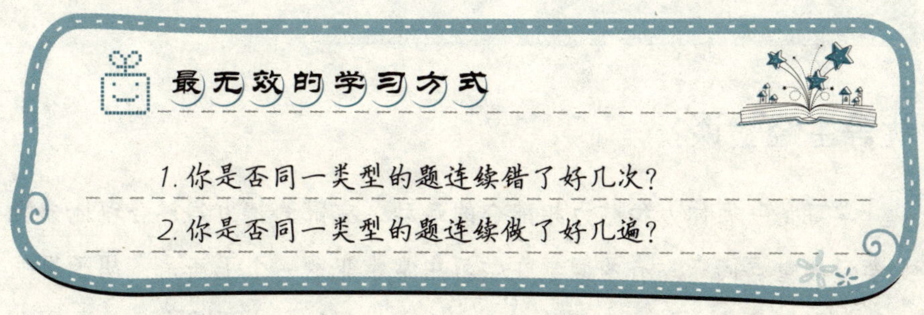

最无效的学习方式

1. 你是否同一类型的题连续错了好几次？

2. 你是否同一类型的题连续做了好几遍？

学习要抓重点

所谓“抓重点”是指不追求表面上的刻苦努力，而是要思考如何提高学习效率。

姓名：马　强
毕业学校：青海省湟川中学
考入北京大学生命科学学院

优等生经验谈：

学习是一项体力和脑力相配合的活动，有限的精力怎样合理地分配是学习的重点问题。有的同学在学习中常常犯的一个毛病是：胡子眉毛一把抓。甭管这个知识是不是我应该重点掌握的，也甭管自己的弱项在哪里，只要是我看见的知识我都应该记住，见到的题都应该做。其实这是非常愚蠢的。你会发现，你总是非常刻苦，非常疲劳，可是考试成绩却总是非常不理想。所以应该静下心来好好想想，问题是出在哪儿了。你应当花至少一半的学习时间来思考自己知识体系的完备程度，整理自己的知识结构，总结考试的经验，罗列自己的优势与弱项。并且，做一个知识系统的图表也很重要。

马强同学以化学、生物为例，具体介绍了知识结构图的作用。他说："学习化学、生物我用的是知识结构图法。化学、生物的知识点很多，只有通过不厌其烦地看课本才能熟悉它们。在熟悉了课本内容之后，你就可以自己构筑一个整本课本的知识结构图了。"

马强所说的知识结构图是一个类似提纲式的知识网络图，包含了各章节的主要内容和它们之间的关系。制作这种图绝对不是浪费时间，这实际上是在用你自己的语言来归纳你所学过的东西，把整本书的知识点串联起来。如果你能归纳出来就说明你已经把课本上的知识变成了自己的东西。知识结构图法可以帮助你从宏观上把握整个知识系统，发现自己在知识体系上存在的漏洞，使你对知识能有更深入的理解。

记住，千万不要认为建立一个知识结构体系是在浪费时间，它能使你的学习更有效率。

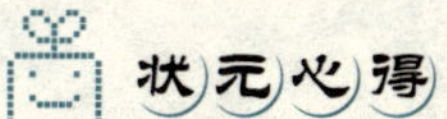

物理的小知识总是容易弄混，好的解决方案是，在一张纸上列出一系列问题，并且不填答案，复习的时候就拿出来，跟着问题迅速思索答案，细致地过一遍就可以了。类似的问题可以是这样的：分子热运动的概念是什么？包括哪些要素？什么是布朗运动？布朗运动的实质是什么？铀235的衰变方程式是什么？光的波粒二像性是什么概念？等等。

提前看答案的弊端

在做练习题的时候，如果你遇到了困难，千万不要提前看答案，否则就是在白白地浪费时间。

姓名：张晓微

毕业学校：黑龙江省鸡西一中

考入北京大学新闻与传播学院

优等生经验谈：

高三的时候，我一遇到难题就头疼，总想逃过去，恨不得自己能遁形于难题之前，不给自己创造与难题碰面的机会，如若“不幸”遇到，马上请出解救专家——答案，看了一遍后，顿悟原来是如此如此再如此，这简单，拆开了我都懂，回头再碰到这类题，还是再次搬出看家本领，二进宫再请出参考答案，久而久之，只对简单的习题有应急性，而面对难题，大脑就成了猪脑，迟钝多了。

到了高四，痛改以前一切“陈规陋习”，一改往日做法，摒弃了知难而退的不良习惯，开始迎难而上，碰到难题先不慌，抑制住自己想看答案的欲望，把整个题从头到尾进行分析，有理有据，先拿出主干，想

出解题的整体脉络，再往上添枝加叶，争取把它攻下来，这时候心里真是六月天喝雪水——爽极了。

下面，我们来介绍几种面对难题时的应对方法：

1. 尽力在大脑中搜索以前是否做过类似的题，哪怕是有一点点类似的题，都应抓住，这也许就是解答此难题的突破口。

2. 实在答不出来，就索性放在一边，先做别的事，过一段时间回过头来再看，也许思路就打开了。

3. 若还想不出来，就只看答案或解题过程的最初一两步。一有启发，就不要往下看了，自己想。

因此，当你再遇到难题时，一定要抑止住自己看答案的欲望。

最无效的学习方式

提前看答案的两大弊端：

1. 养成人懒惰的毛病，不想动脑，难题来了找答案。

2. 限制、束缚了人的思维，参考答案通常只给出一种较为便捷的解题方法，而一道好题的解题方法往往有多种，这就要求我们思路要开阔，不能紧盯住一点不放，或许有些方法会走很多弯路，但这也是有很大好处的。

不要死钻“牛角尖”

做练习题还有一个问题值得注意：不要在做练习题时“钻牛角尖”，不要在偏题、怪题上花太多的时间。

姓名：陈　光
毕业学校：北京四中
考入北京大学国际关系学院

优等生经验谈：

在仔细分析了几年来的高考题之后，我发觉其中根本就没有什么偏题、怪题。有的同学抱着一种侥幸的心理：我练习一下怪题或偏题，要是高考时出一道这样的题型，别人都不会而我却能做出来，那我不就占便宜了吗？

在这种侥幸心理的驱动下，有的同学舍本而逐末，丢掉了课本中的基础知识而将大量时间浪费在超纲的题目或是解题技巧十分复杂的题目上，自己的思路总是求新求异，长此以往，就会陷入“钻牛角尖”的歧途。

有的同学总喜欢去钻难题、偏题、怪题，认为把这些题攻下了，其

他的就会迎刃而解。事实上，只有通过做一定数目的基础题，熟悉了定义、定理、公式，掌握了解题的基本方法和技巧后，才能做好难题。

在陈光同学看来，理解一个概念、练习一道题目，不从一个正常的角度入手，而是以比较奇怪的角度入手，在实际的考试中可能可以解开一两道解题方法特殊的题目，却很容易在大量的普通题上丢分；另一方面的影响是会丧失信心。怪题和偏题都是不容易解答的，久而久之，就会觉得自己所有的题都解答不了，于是就觉得自己没希望了，高考没希望了。对于练习题中的难题不要轻易地放弃，但是也不要在难题上“钻牛角尖”，不要在偏题、怪题上浪费时间。

没错，当你在一道刁钻古怪的习题上用了一个多小时而毫无收获之后，你就会明白，又一个小时被浪费掉了。

高效锦囊

各学科的习题成千上万，都做一遍是办不到的，所以做题应分轻重，有详有略。对于基础题、典型题要详做，从格式到步骤严格要求，做到规范化，以达到熟练、准确计算的目的。而且，还要总结做题的经验，从中找出规律，训练基本功。对于难题，可以采取略做的办法，即重点寻求解法，分析归纳题目类型，演算过程可以略去。

高效的“符号复习法”

复习时不少同学都会做大量的习题，然而效果未必很好。有时一道题明明以前做过，却忘得一干二净，又做一遍，白白浪费时间。

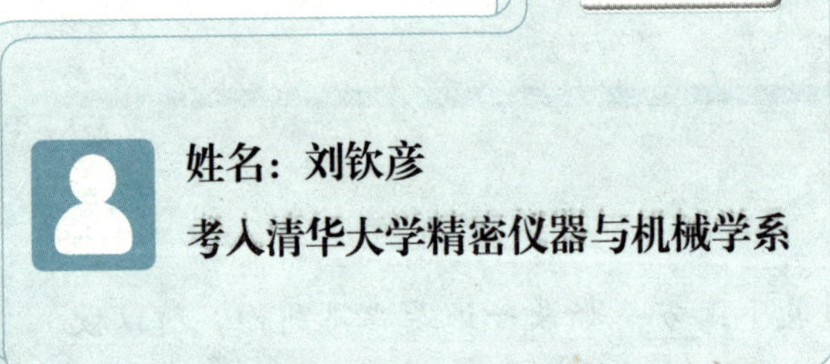

优等生经验谈：

高考复习期间，必然要做大量的练习题，怎样才能让每一道题都发挥作用呢？我是这样进行的：首先将题目分类，若是一般性的，自己也没做错的题目，将其放在一边；自己做对了，但题目设计得很好，打个“○”；由于题目的小陷阱，或是思路有误，做错的题目，打个“△”；自己几乎没有什么思路，一筹莫展的题目，打个“☆”。这样将题目分类以后，再复习时就十分方便了。

这就是刘钦彦同学所独创的“符号复习法”，他认为，对于画

“☆”的题目，一定要反复研究，仔细推敲其解题的方法和技巧，宁慢勿快，把问题吃透，做到再遇上同类题时能够有正确的思路和方法；对于画“△”的题，当时弄懂了以后，隔一段时间再复习一次，下一次做同类题时，提醒自己不再犯同样的错误。最后，在冲刺复习阶段，浏览试题中画“△”和画“☆”的，如果同样类型的题多次被画上符号，则一定要引起重视，必须在该题上好好研究。

这种“符号复习法”对不同的题给予不同的符号，并给予相应的“待遇”，区别对待，效率当然高，收获自然大。

最无效的学习方式

1. 已经会了的习题做个若干遍，不会的题还是不会。

2. 不论难易、不分重点，复习时胡子眉毛一把抓。

小卡片有大用处

在时间安排上，一张小小的卡片其实能给你带来很大的帮助。

姓名：邱　汛
毕业学校：四川省内江中学
考入北京大学光华管理学院

优等生经验谈：

在学习时间的安排问题上，当年我的老师教给了我们一个很简便实用的办法：做几个卡片袋，准备一些卡片，用以帮助自己安排时间。

别看这个办法很简单，但同学们普遍反应效果不错。每天知道干什么了，而且干一件就有一件的收获，再也不像原来那样忙而无效、劳而无功了。

“卡片学习法”的具体做法是：

1. 每天晚上复习白天学过的课程时，把应该牢固记忆的知识点写在卡片上。例如，把卡片分为左右两边，分别写上中文释义和英文单词，

或者字母符号和字母符号的中文意义、公式名称和公式的字母符号表达式等。为了节省时间，可以简单一点，只写一个名称及教科书的页数。如“第4课词汇，见《英语》第××页。”

2. 自制七个纸袋，每个袋内放置一周中某天应复习的卡片，并可依照遗忘规律进行安排。例如，某张卡片星期二复习以后，就放入星期四的袋子内，星期四复习后又放入星期天或星期一、二的袋子内，这样就能有规律地分配复习。

3. 复习时，用手遮住左边回忆右边，或遮住右边回忆左边，或看正面回忆反面，等等。进行自我测验。每复习一次，就在卡片右下角打一个小的“√”，“√”越多，复习的间隔时间也应越长。至于复习多少遍，可根据自己的情况决定，一般有了3～5个“√”就可以收起来，等到一章结束时或考前再复习一遍。

要学会自己安排学习时间，在方法上一开始越具体、越直观越好。“卡片学习法”符合学习规律，自然会收到好的学习效果。

卡片的制作应根据科目的不同来具体把握。一些记忆性较强的科目如英语、历史、政治等，应多设置一些卡片来帮助记忆。而像数理化这些科目只在卡片上记载一些公式、定理就行了，主要还是做题。

使每一份试卷都发挥最大的效用

平常的考试、测验所使用的试卷，如果利用得好，也能给你的学习带来事半功倍的效果。

姓名：刘　婷
毕业学校：湖南省岳阳一中
考入北京大学

优等生经验谈：

高考也好，中考也好，考前老师肯定要让学生做大量的卷子。要知道这些卷子都是教师、学校乃至市区教研室精心编制的。看一看各地考前的卷子，大致也就了解当地的教学水平了。因此，把做过的卷子扔在一边，打入冷宫是不合适的，应该予以充分利用。要利用，就要对卷子进行分类整理，进行重点分析。信息只有有序化了，才会好用！

那么，如何高效地利用试卷呢？具体有以下几种方法：

1. 将自己独立做过的卷子（学校发的或别的途径的）分学科编辑成册，最好编上顺序号，以便查找。

2. 把老师的讲解记录在卷子上。比如有的题做错了，就把正确答案记在边上。有的题做对了，但还有其他解题方法，也可记在旁边。

3. 每隔一段时间，或是模拟考试前，将几大本卷子拿出来，浏览一遍，重点去看有记录、有记号的地方。

刘婷同学最后自我评价说："这样，我就使每一张卷子都能发挥其最大效用，我对卷子上的题目都真正消化理解了。"

因此，不要考过了就把试卷扔到一旁，要继续深度挖掘它的利用价值，这也是高效利用时间的一个好方法。

状元心得

如何高效利用语文试卷：

考前一两天，拿出你最近考过的10套、20套语文试卷，一份一份，从头到尾地看，从题目到答案都看，重要的地方要仔细看（比如出现率高的语音、成语题目等）。不重要的地方也要看，看出感觉来才好（比如不可能雷同的科技文、文言文、现代文阅读和作文题目等）。

“有效偏科”的作用

偏科，一般是大家不提倡的甚至是反对的，而“有效偏科”妙就妙在“有效”两字。试问，在实际学习过程中，谁不想把自己稍差的一门功课赶上来，为此自然要多花一些时间，可如果无效，这种“偏科”就毫无价值了。所以，要偏科也不是不可以，关键在于是否“有效”，要看在同样时间内，这么做能否为你带来更多的“效益”（对学生来说也就是分数了）。

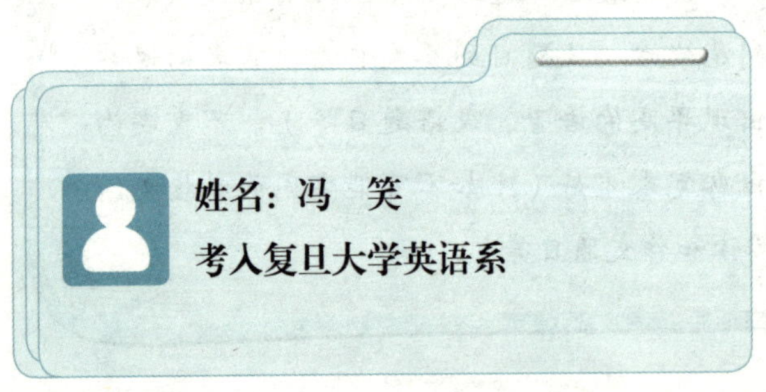

优等生经验谈：

所谓“有效偏科”，就是哪门功课我越感觉自己没学好，就越要花更多时间、精力去学好它，越是感觉困难大的科目就越是要努力拿下它，“啃的就是硬骨头”。这与一般的“偏科”的意思是截然相反，逆其道而行之的。

在“有效偏科”的基础上，冯笑同学还提出了“重点突破”的思路。她觉得，如果自己某一学科稍差，光是多花一些时间“偏科”还不够，还要分析自己在这一学科中哪一部分最差，再来个“重点突破”。换句话说，就是在“偏科”中再来个“偏科”，集中优势兵力，先打开一个突破口。

冯笑同学说，她自己曾分析过，自己在语、数、外等几门主科中，英语最差，为此自然应该多花一些时间在英语上，把这一门功课拉上来。而把大大小小二三十次考试的情况一分析，在英语中，失分最多的又是完形填空，别的，如词汇量，阅读乃至写作，都失分不多，至少不比班上同学的平均水平差。就是完形填空题，至少要丢一半甚至三分之二的分。于是，她专门去书店，买来《高考英语必备·完形填空》《完形填空典型题1000》等专讲完形填空的书，来个“重点突破”，效果相当好，这一“丢分大户”，现在一跃而成了“得分大户”。而这一块突破了，整个英语的成绩也自然上了一个档次。以至于最后，英语竟成了她的强项。报志愿时，她毫不犹豫地报了英语专业。

我们可以看出，冯笑同学的做法很符合毛泽东的军事思想——集中兵力打歼灭战。

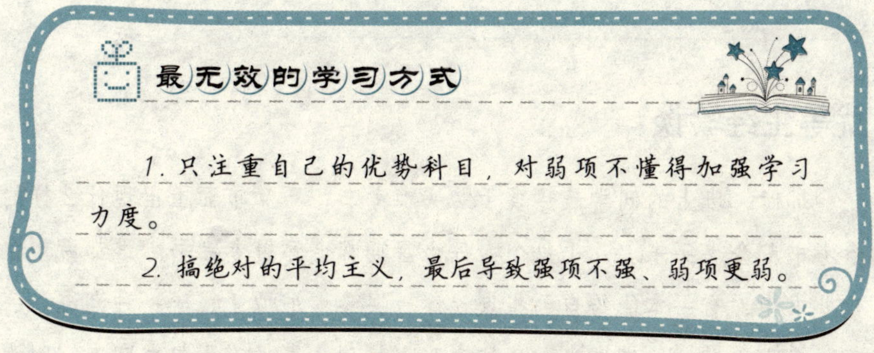

最无效的学习方式

1. 只注重自己的优势科目，对弱项不懂得加强学习力度。

2. 搞绝对的平均主义，最后导致强项不强、弱项更弱。

当心贪多嚼不烂

打仗需要武器，应考的学生需要书。在课本之外，各种各样的参考书汗牛充栋。鼓起斗志的高三同学迫不及待地冲向书店，一摞一摞地搬回参考书，决心把它们全部做完。热情可嘉，但未免贪多嚼不烂。因为一开始凭冲动买下的书，未必真的有用；太多了，也不一定能做完。做不完放在那儿，又给自己造成心理压力。

姓名：孙幼亥

毕业学校：浙江省诸暨中学

考入北京大学

优等生经验谈：

那时，班上的同学最热衷于购买参考书，不管市面上出现什么样的参考书都会去买来。几乎每个人每个星期都会添置参考书。谁都希望在这些书中，有一本能给自己指点迷津。买参考书似乎成了一种潮流。一开始我也跟着这股潮流走，还特意跑去杭州，买了一大包书回来。因为看着同学都做着大量的题目，心里不免紧张。尽管他们做的书里也没有

几本有很大价值，但旁人总是以为他们在做什么秘籍，于是就跟着别人狂买。然而，慢慢地我发现，其实多用参考书并不会提高成绩，参考书要做，但做得过多不但无益，反而有害。

孙幼亥同学后来认识到，做题的目的是为了能理清自己的解题思路，加强解题能力，加快答题速度。而这些目的只有在做适量题时才能达到，做题过多，反而会把自己的思路搞乱。而且做题是要时间的，做题多，思考的时间就自然少了。对此，孙幼亥同学说：

我觉得对题目的思考才是最重要的。对一道题的反复思考，比花同样的时间做几道题更有帮助。另一方面，购买大量的参考书会给自己的心理增加压力。因为一本书里真正有价值的题目并不多，做大多数题是在浪费时间。题是做不完的，备战高考，需要的不是狂做大量的题目，而是一些典型的解题方法。后来，我不再随同学狂做参考书，而是把主要精力放在了老师讲过的题目上。我不断琢磨老师的解题方法，自己再找少量的题来做，学习变得轻松起来，而一次次的考试也证明了我的方法是有效的。

由此可见，参考书贵在精而不在多。

到了高三下学期，就要注意订阅参考性的杂志、报纸了，比如《英语通》《中学生时事政治报》等都是很有价值的参考资料。这种更新快、题目并不多但很精的资料可以让你随时掌握新的信息，而且多收集各地的备考资料会使你见多识广，日积月累，才能达到胸有成竹。

一本好参考书的标准

如今，关于高考复习的参考书实在太多了，但其中也良莠不齐，好坏参半。这样，选择一本好的参考书非常重要。

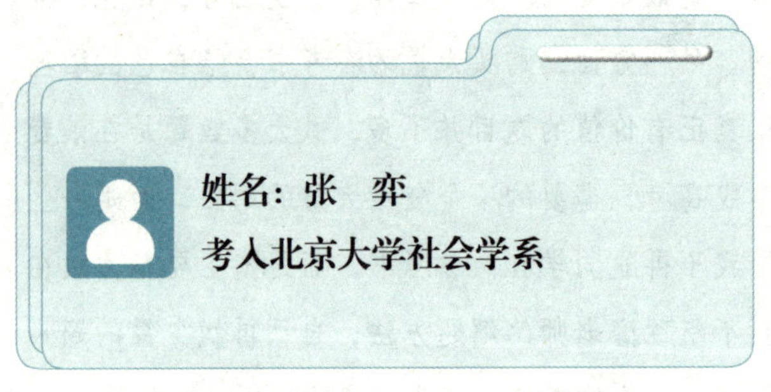

优等生经验谈：

一本好的参考书，应该系统、全面，难度适中。由于是应考书，还有很重要一点就是对考点的重点要把握准确。我有幸就得到了这样一本好的物理参考书。认真地学习好的参考书后，可以使你的知识系统化，脉络清晰，考点不再有遗漏的缺陷，而书中所选的例题、解题方法都很经典，可以举一反三。直接的效果就是解题能力显著提高。而一般的参考书可能知识点过于概括，太泛，或题型稍偏，有这样那样的缺点。有时候，一本参考书读完后，觉得收获寥寥；或看到新鲜题型，费九牛二虎之力掌握以后，在做了多套模拟题后才发现这种题型根本没学习的必要，太偏僻。高考是一种应试教育，在高三非常有限的时间、精力下，

我们只能把注意力集中在与考试有关的问题上，这是很实际的问题。

下面来介绍几条选择参考书的原则：

1. 新。看到书后先要翻看第一版日期，如果它是两三年前的则当机立断，立即“pass”掉。参考书多如牛毛，找“新出炉”的还不容易？新书的题型都是新编或从旧书中依然典型或热门的题中摘录的，价值比旧书大得多。

2. 看编者。最好是“名师”。现在许多书都冠以“名师导读”一类的标题，该老师是不是“名师”，水分可就大了。对于拿不准的，不妨去问问自己的老师。请他（她）帮忙出出主意。

3. 找当前需要的书。参考书忌提前预备，一定得像看中医一样对症下药。高三初期一般是知识的系统复习，可以找些知识归纳多些的书，掌握知识结构。这种书有一本足矣，课后辅以少量习题，学习目的便可达到。高三中后期重点变成了熟练掌握和综合运用，这时你可以买一两本习题集课余时间练练手，这种书最好是做完一本再买一本，否则积了一堆未做的题，反而会带来心理负担。

看了张弈同学的经验和选择参考书的几条原则之后，相信大家可以找到真正适合自己的参考书。

怎样获得好的参考书呢？一般而言，老师选择的作为复习资料的书，质量都不错，应作为精读的重点。其他的，可向师兄师姐请教，也可与同学切磋交流。

重视并利用好平时的考试

这里想要强调的是，同学们如何利用好平时的考试，让它们发挥最大的价值。

姓名：战保宇
毕业学校：山东省鲁矿一中
考入北京大学信息科学技术学院

优等生经验谈：

高中会有许多考试，我们应该充分重视并好好利用这些考试。不要去应付或是轻视它们，那样只会是白白浪费时间和金钱。我们可以从中学习许多东西，比如认真仔细、一丝不苟的品质，临危不乱、处变不惊的心态，还有诸如如何考试、怎样获得理想分数等等。

在战保宇同学看来，从平时的考试中，除了检验自己的水平和发现自己的弱点外，至少还可以学到如下三点：

1. 学会认真和仔细。换言之，就是要拿到所有应该得到的分数。考场如战场，一不留神，就会痛失消灭敌人的良机，失去本应拿到的分

数，留下遗憾。为了不使这种遗憾在高考中发生，使你抱憾终生，必须从每一次考试做起，练就认真仔细的好习惯。

2. 锻炼出良好的心态。考场正如残酷的战场，你稍不留神，可能就会碰到前无去路，后有追兵的情况。而只要你慌乱不定，就有可能一败涂地。因此，良好心态的培养，就显得尤为重要了。心态的好坏，在很大程度上影响着你的考试成绩，甚至决定你考试的成败。总之，要想在考试中临危不乱、镇定自若，需要平时的锻炼和总结。

3. 学会总结。每次考完试，不要只关注分数和名次。其实，从中发现缺点、不足才是最关键的。不要放过每一处错误，要把它们彻底搞懂、弄通，发现并及时弥补知识的漏洞，然后制订新的计划和目标。如果能日复一日、年复一年地坚持下来，相信你会“百考成钢”，对考试应付自如的。

状元心得

如何将试卷与教科书联系起来：

1. 把试卷依照教科书的顺序清理好，并编上顺序号。

2. 在试卷的开始处，写上一段“导语”。“导语”的作用有二，一是说明此试卷考什么，二是与考试有关的知识要点。知识要点不必写得很详细，甚至可以只给出一个出处。

3. 在试卷结尾处，写上一段“小结”，总结自己考试情况，写出自己在知识上的缺陷。

学习时的每一分每一秒都必须是高效的，只要一打开书本，就必须做到全情投入，心如止水，四大皆空。

——全国优秀教师 王金战

第四章 节省时间要讲技巧

有很多同学总是抱怨学习时间不够用，经常无法按时完成学习计划的内容，甚至不能按时完成每一天的学习任务。

的确，中学生的学习科目多，任务重。但在很多情况下，并不是你的时间不够用，而是你所采取的方法不对路。想要真正掌控自己的学习时间，就要不断去尝试新的方法。本章所介绍的一些简单易行的学习方法，可以帮助你更好地节省时间、提高效率。

学习可以“不求甚解”

在我们的学习过程中，随着不断地接触新知识、新情况，毫无例外地会产生各种各样的疑问。有了疑问怎么办呢?不同的同学会有不同的处理办法。

姓名：王　瀛
毕业学校：上海市西中学
考入北京大学光华管理学院

优等生经验谈：

学习过程中遇到疑问时一般有三种处理方式：一是自己加以思索，得以解答；二是自己无法解决，请教师长、同学，查阅书本资料，加以解决；三是自己思索并请教别人后，仍是不甚了了，这就可以用“不求甚解”对付之。

我们在学习中，常常会遇到第三种情况，颇为棘手。弃之不顾，当然不可取，死钻牛角尖，也不明智。怎么办？实在解答不出，就把疑问暂时“冷藏”起来，不要妨碍自己对新知识的学习。

不过，这个“不求甚解”的“冷藏”法要有几个前提条件加以保证方才有效。第一，要做好预习、复习，认真听讲，记好笔记，因为这是学习和掌握知识的基本保证，离开这个基础，连能否学会知识都成了疑问，还谈什么解决学习过程中的疑问呢？第二，要勤于思考，善于思考。勤于思考，才会有疑问的产生和解决，才会有知识的掌握和巩固。善于思考，要讲究思考的方法问题。我们学习的知识，是一个统一的体系，前后左右紧密联系，不但前后知识之间能互相启发，而且有时不同学科的知识也能互相启迪。我们在思考问题时，不能孤立地停留在某一知识点上，要扩散思维，联系更多的知识去帮助解答，这样才能使知识融会贯通，学以致用。

相信王瀛同学的“不求甚解”学习法，能给同学们一些有益的启示。

在采取“不求甚解”的方法应对疑难问题时，要随着对新知识的不断掌握与巩固，对前一时期的疑问重新思考。由于新知识的掌握和一段时间的复习，旧的知识也会有所巩固和提高，举一反三，往往过去的疑问便迎刃而解。有时甚至在学习新知识的过程中，那些疑问会突然闪现在脑海里，豁然开朗，这就是“触类旁通”之妙。

做例题时可以“时听时不听”

当老师在讲课本或复习资料上的例题时，不妨时听时不听。那么，什么时候听，什么时候不听，这就有讲究了。

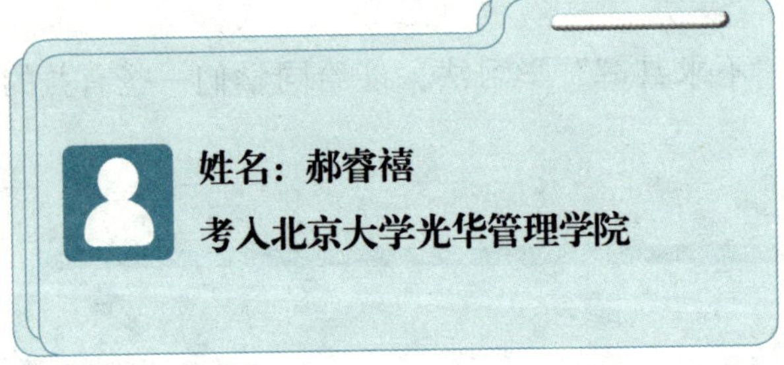

姓名：郝睿禧

考入北京大学光华管理学院

优等生经验谈：

中学生学理化时，老师肯定要讲课本或相关资料上的例题。我当时的做法是，听课时先老师一步，开始自己做例题（比如提前一道题）。一边做一边听老师讲课。如果老师的解题方法与自己相仿，就不听了，继续埋头自己往下做题。如果老师的解题方法与自己不同，就停下来听一听，并可以将老师的方法记在课本或资料的相关处。这样“时听时不听”，使得上课时始终保持紧张、兴奋的状态，不至于如其他同学一样，听着听着就烦了。

郝睿禧同学这一方法的优点，是极大地调节了听课时的情绪，使得

听课变成一种与老师的解题思路竞争、与时间赛跑的兴趣盎然的事情。不过，他自己也说：“这种‘时听时不听’的方法不适用于文科学习。语文、英语、历史、政治这些科目的知识面广、知识点多，内容丰富而庞杂，需要在课堂上多听老师讲授。也许老师一句简单的话带过去，就是一个重要的知识点，所以切不能忽视听课。另外，理科复习越到综合阶段，越需要听课，因为综合题有好多巧妙的解法老师要讲，这种关键时期如果时听时不听，可就吃了大亏了。”

记住，上课时“时听时不听”并不完全是件坏事，如果用得好，它就会成为你高效利用时间的一种非常手段。

我们说学习时要紧跟老师的思路，但并不是指要完全被老师牵着鼻子走，应根据自己的实际情况，如果老师所讲的例题已经掌握，就可以趁此机会做点别的题。这样一来，学习时间无形中就得到了增加。

笔记并不是越详细越好

课堂笔记对学生的学习确实有很大的用处，但这并不意味着所有的笔记都是越详细越好，在某种情况下，少记甚至不记笔记也是高效利用时间的好办法。

姓名：马文军

考入清华大学材料科学与工程系

优等生经验谈：

上课时，我始终坚持一个原则：少记甚至不记笔记（当然英语、语文课除外），因为数理化这些课需要思维跟着老师走，不能开小差。我认为记笔记就是开小差，有时记笔记时突然一小点内容没听到，或许正是这点影响了自己对某道题的理解。因此上课时听懂老师所讲的内容就行了。回去后回忆上课的内容，自己在草稿纸上把题目推一遍，以此检验自己对题目的掌握度。实践证明这种方法是很好的。

所以说，记笔记要有选择地记，不要把上课听到的统统记下来，因为上课时主要精力要用于参与讨论，认真听讲，积极思索。对于教师强调的重要问题，容易搞错的地方，富有启发性的举例，重要的板书等要记录下来，供课后进一步思考和复习用。

那么，哪些材料可以不记呢？例如，课本上有的内容可以不记。因为复习时总是把课本、笔记本和练习本结合起来用的。上课自己容易听懂的材料可以不记，因为这些材料对促进自己的思索并没有用。太复杂的实验装置和实验过程可以不记，因为这些不可能完整地记下来，而且实验的时间通常很短，机会难得，自己应集中精力观察和思考。

那些喜欢把老师所说的每一句话都记下来的同学们要记住这样一句话：笔记并不是越详细越好。

高效锦囊

课堂笔记的几项原则：

1. 笔记本要留有余地，不能写得太满，一个字都插不进去。

2. 笔记的大纲要有一定格式，不要随意变换。例如语文笔记，可以分为篇名、作者小史、段落、生字新词、文体及文章作法、文法及修辞等项。

3. 笔记要详略得当。一般同学易犯的毛病，就是记得太详细，他们想把教师所讲的话完全记录下来。其实，对于教师所讲的话，要仔细分析和归纳，然后用提纲挈领的方式记录其要点。

把要记的东西“减肥”

这里所说的“减肥”，实际就是对记忆对象的一种概括。而概括的过程，正是一个思考的过程（什么是重要的，什么是次要的），也是一个提高的过程（这么多内容实际是说什么问题），因此，概括不仅仅是便于记忆，也是一种提高效率的学习方法。

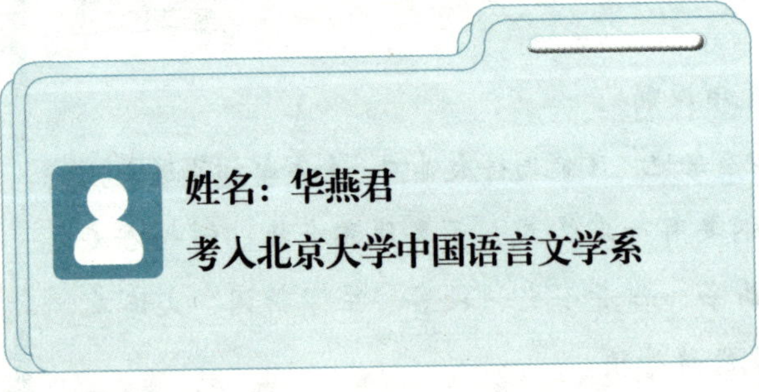

优等生经验谈：

我记忆的一大法宝就是：尽量少记，只记最需要记的东西。比如说，6位数的电话号码，肯定比十几位数的手机号码好记。但不少同学似乎忘记了这个最浅显的道理，什么都想记，自然什么也记不住。因此，当你发现自己记不住时，第一反应应该是：记得太多了，得先把要记的东西“减减肥”。

下面，就是一些“状元”创造的几种“减肥”法：

1. 提纲网络法。知识大多是零散的，不便于记忆。要是找出知识之间的内在联系，把它条理化，像用线把珍珠穿起来一样，就好记多了。知识之间的联系是各种各样的，不仅有纵的联系，也有横的联系。因此在记忆的时候，不仅要善于穿珠，还要善于把知识织成网。

2. 主干记忆法。读一本书或学一篇文章，都要先把握住重点，把重点记住。重点可以作为记忆的“主干”，然后再在这些主干上添枝叶等次要事件。在学习文、理科时，均可利用此法。

3. 浓缩记忆法。考试前，不少同学都懂得应把重点“过”一遍。但是，如果逐字逐句地去“过”，效率太低，费时太多。为此，就有人创立了浓缩记忆法。所谓浓缩记忆法，就是把要“过”的内容高度浓缩，看见一个字、一个词，便可迅速回忆起全部内容，从而大大提高效率，节省时间。例如复习中国古代史的井田制，可将其内容浓缩为：“国王所有，诸侯享有，奴隶耕作，形似‘井’字”。或者进一步浓缩为：“王有、侯用、奴耕、井形”。这样记忆的好处是在需要回忆这段内容时，只要酌情在每段话上“添枝加叶”就可以了。

如果感到要记的东西太多，怎么也记不住的同学，可以试试上面所介绍的几种“减肥法”，既能节省时间，还能达到记忆的目的。

复述比背诵效果更好

在一般人想来，学英语要么是读，要么是背，其实还有一个介于两者之间的复述。而且复述既便于读得深入，又克服了背的弊端，能更好地提高你的学习效率。

姓名：徐　波

毕业学校：吉林省吉林一中

考入北京大学计算机系

优等生经验谈：

在英语学习过程中，读、听、说、写这四者之间应该是相互联系的，而不是相互隔绝的。问题是：如何打通这四者之间的联系？在实践中我发现，复述是一个好办法。为了说好，必须先读好，必须要真正读进去（许多同学不是老说“看不进去”吗）。读进去后经过大脑的整理、消化，方可复述得出来。如此，读与说就紧密地联系起来了。而一位同学说时，其他同学均在听，于是，说与听之间，又有了联系。说的时候，其他同学可以进行笔录。复述者本人，也可以先把要说的话写下来。如此，说与写之间，也有了联系。而单纯背诵，是很难达到上述效

果的。也正是从这个意义上说，复述比背诵好。

在具体操作方面，应注意以下几点：

1. 复述的内容，应以中学课本为主。较短的课文，可以看完后试着复述全文。较长的课文，可以看完一段后复述一段。

2. 复述的方式应是多种多样的，或是由易到难的。比如说以下几种方式是从一些优等生的学习实践中总结出来的：

（1）借助启发性词语复述。用课文每句的句首词，或谓语动词，或每段的重点词语和特殊句式作提示，边看边想边复述，用词串句，用句串段，由段及篇，层层扩展。这种复述方法是最容易的。

（2）根据问答题复述。根据课后的问答题来引导复述。这种复述方法也比较简单。

（3）回译性复述。先把课文译成汉语，看完汉语后用英语复述。这种复述方法比前两种都难。

（4）听录音复述。放课文录音，听一段，复述一段；最后进行课文复述。这样既能训练听力，又能培养复述能力，一举两得。但这种复述方法手头一点文字依据没有（不论是英文还是中文），是最难的一种。

相信采用这个办法，可以很好地解决同学们学习英语的难题。

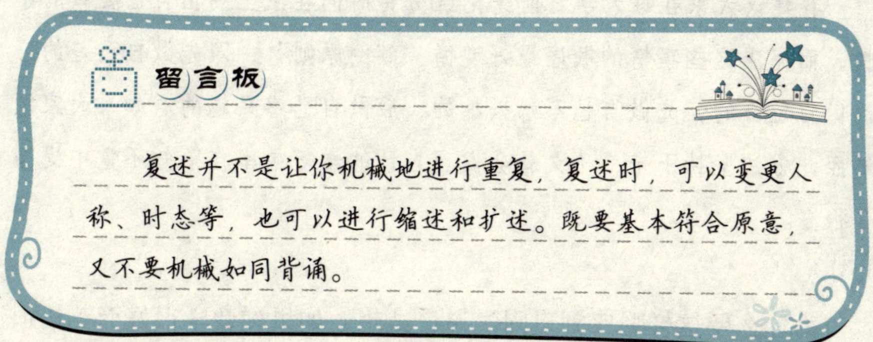

把程序颠倒一下

在考试中，老师一般都告诉同学们做题要先易后难，以免时间不够用。但在学习中，则不妨把这个程序颠倒一下，这样就能在很大程度上提高学习效率。

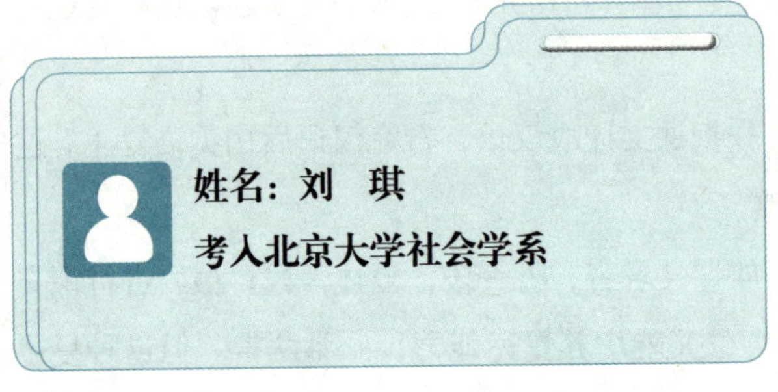

优等生经验谈：

我建议大家在每天学习前先花10分钟时间在纸上列出自己要做的事情，而完成这些事情的顺序最好遵循“颠倒原则”，即先做自己差的、后做自己好的，先做自己不感兴趣的、后做自己感兴趣的。如果大家能够照此方法坚持下来，不久就会发现自己的学习效率在不知不觉中提高了很多。

为什么要这样呢？刘琪同学说：试想，如果你数学很好而英语很差。当你先兴致勃勃地做完了数学，有可能天色已晚，也有可能你已经过了大脑的“兴奋点”，这时再看那些枯燥的英语单词，你也许会皱起眉头不愿再学下去；或者当你攻克了一道难题后，你会兴奋地想：今天已经很不错了，剩下的东西都很简单了，明天再做吧。这样，差的科目永远也补不上来，而再简单的东西因为没有完成也会慢慢变难起来。反之，如果先补完差的、做完简单的，因为剩下的都是有把握的、喜欢的，兴趣就会推动你继续做下去，从而完成所有该做的事情。

记住，不论哪种方法，其终极目的只有一个——提高学习效率。

状元心得

适度超额学习法：每个人都是有潜力可挖的，所以定下的计划一定要比你认为能够做完的事情多一些。这个时候就需要毅力了，即你得强迫自己，不做完这些事情就不能睡觉。这样，可以使人真正集中精神发挥自己最大的潜能去想、去做。

你也可以自己奖励自己，比如，如果你坚持了一周，每天按规定完成任务，就去大吃一顿，或是买一盘自己喜欢的CD什么的。这个时候，父母的要求、规定是帮不了你什么忙的，反而有可能让你产生逆反心理，你只有靠你自己。

充分利用身边的资源

对于学习任务重、时间紧的中学生来说，学会充分利用身边的资源也是提高学习效率的一个好方法。

姓名：刘英豪
毕业学校：浙江省镇海中学
浙江省理科状元，考入北京大学

优等生经验谈：

在我的班级中，没有人能够独立应付所有学科的学习，平时遇到不懂的问题是常有的事，于是，互相请教便成了家常便饭。没有人以向他人请教为耻。大家在互相请教中成了好朋友。平时，志同道合的朋友便会在一起讨论同一个话题。在遇到较多难题时，光是一个人独立思考，有时时间是不够用的，我们几个常采用分工合作的方法。每人解决几题，然后告诉其他同学。我个人觉得这种方式对我的学习有很大帮助，使我了解了不少其他同学的新颖思路，而且事半功倍。在空闲时，我们常找些题互相考，遇到新奇的题目也一定会挑出来共享。可以说，充分地利用了资源，发挥了各人的长处。正是在这样一个融洽的环境中，我们的成绩才会大大提高。

所以说，“学问学问”，就是既要自己学习，又要向其他人请教。学习过程中与他人的交流是十分重要的。我们既应该在学习遇到困难的时候找老师帮忙，又应该与自己周围的同学进行讨论。我们既应该向比我们学习好的同学请教，也应该与学习不如我们的同学交流。

为什么说学习中与他人的交流是重要的呢？因为一个人的思维容易陷入思维定式，这很容易使人“钻牛角尖”。而与他人交流、讨论、辩论，可以互相启迪心智，从多角度分析处理一个问题，这对于培养人的思维能力是十分有好处的。试想，你是否遇到过如下的情景：碰到一道数学难题，不同同学的解题思路是多么的不同，即使你用自己的常规方法能够把题目做出来，但也许这种方法是最繁琐的，其他同学可能会发现更简便的做法。再比如，对于同一个作文题目，不同的同学会有不同的谋篇策略、不同的论点、不同的论据、不同的写作方式，如果大家能够坐下来共同讨论，那么每个人的写作能力都会有很大提高。

老师、同学、家长……这些都是你学习中非常有用的资源，不要白白浪费掉。

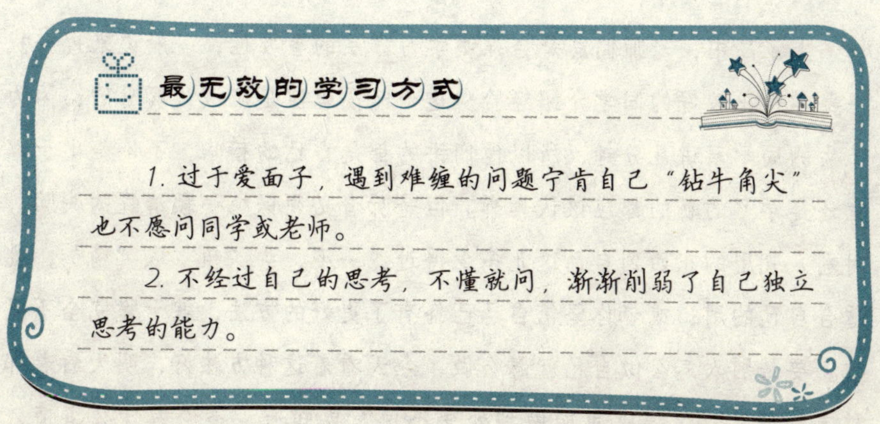

最无效的学习方式

1. 过于爱面子，遇到难缠的问题宁肯自己“钻牛角尖”也不愿问同学或老师。

2. 不经过自己的思考，不懂就问，渐渐削弱了自己独立思考的能力。

要摸索出自己的一套学习方法

没有人不愿意自己的学习以一种更高效、花费时间少而收益大的方式进行。那么最重要的就是摸索出一套最适合自己的学习方法，一味地模仿别人是难以取得好的效果的。

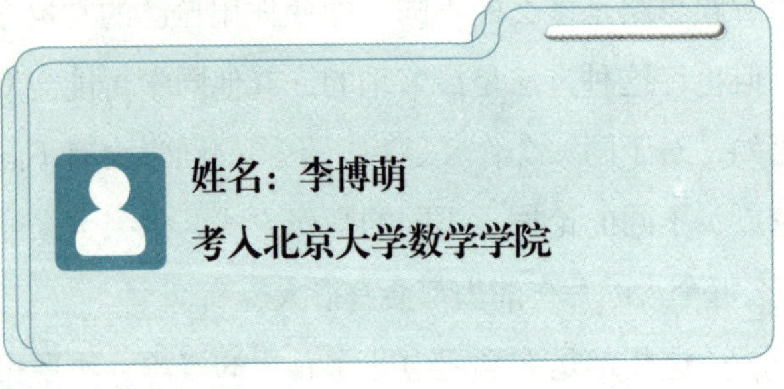

优等生经验谈：

上了高中，老师们总是会强调学习方法的重要性，一般说来也会找一些学得比较好的同学介绍经验。这个时候确实是应该认真听的，因为上去的同学只讲几分钟，所以他们讲的都是自己的精华，不论是出于尊重还是学习的目的都应该认真听。但是听者必须保持一颗清醒的头脑，对别人管用的东西到自己这儿多少得过滤一下，去“粗”取“精”，挑适合自己的用，或者你坚信自己已经有了更好的方法，就干脆完全不吸收。要是别人怎么做自己就怎么做，今天看着这种方法好，明天看着那种方法好，你又怎么可能做到处变不惊？要知道，不论做什么事情，

“不稳定”永远是个大忌！

李博萌同学之所以有如此感悟，是因为他在这方面摔过跟头。他说：

不需要总去刻意地模仿别人的道路。沿着别人成功的道路走下去未必能获取成功。刚上高三时，有很多“成功人士”都对我反复强调课本的重要性，告诫我要“以本为纲”，不必做太多的习题。于是我依照他们的方法仔细地看课本，只是完成老师布置的一些练习，但到了考试时，由于平时练习过少，不是速度不够，就是粗心出错。几次失败后，我开始慢慢总结改进，寻找一些题目来做。其实做题就是在巩固课本，是一个查漏补缺的过程，同时你又可以发现许多课本上的知识，见到许多新颖的题型，眼界开阔了，思路自然也会开阔。但是在摸索自己的方法时，千万不要着急，暂时性的下跌并不会阻碍你最后的成功。

也就是说，在学习上要采百家之长，但也要注意其是否适合自己，不要去做别人思想的奴隶。

学习一定要有自主意识，摸索出适合自己的一套学习方法。走前人走过的路的人往往会陷入这样的误区：前人认为怎么样，自己就认为怎么样，于是丧失了自我评判的能力，甘愿成为别人思想的奴隶。

在总结上多花点时间

高中的学习不同于初中，大量的知识常常让人无从下手，解决这一问题的最好办法，就是总结。

姓名：宫金玉
毕业学校：辽宁省沈阳二中
考入北京大学国际关系学院

优等生经验谈：

有人说总结太花时间，太费精力。的确如此，总结可不是件轻松的事情。但是以它给我们以后学习带来的效果与便利来说，麻烦一点还是值得的。高三的时候，好多同学都来向我借笔记，我都很痛快地借给了他们。但是我还要说：无论怎样，还是自己总结的效果好，何况这种能力的培养，也是必不可少的，因此不要偷懒，从高一就开始总结吧！

在宫金玉同学看来，不论学理学文，不会总结的人都无法融入、适应高中学习。她说：

总结，也不是一朝一夕的事情，要从一入高中就开始学一点做一点。可以根据老师的建议或做过的习题列出一些专题，如：数学中的“椭圆中的角的问题”、“复数在解析几何中的应用”，等等。先去收集、归纳出这类问题常用的知识点、公式、类型和解法，再附上一些习题，尽量找一些经典、有普遍代表性的题目，帮助理解和说明。

在文科中，总结的作用则更加明显。到高三的后期，我文科的总结笔记大约有二十本左右。历史主要是一些专题：古今地名对照、中国古代各少数民族简史、印度史、中国现代著作简表……我曾把五册历史书发生的事件归结在一起，按年份从“元谋人”一直写到“中国共产党十五大的召开”，真的是一项浩繁的工程，不过完成之后，再要查哪一年发生了什么事，或这件事发生时的国内国际环境，就可以一目了然了。

高三的寒假过后，开学时，同学们传看我总结的‘中国各省地理’，赞叹声不绝于耳。可没人知道，那是我花了六十几个小时在假期时总结出来的。

所以说，在总结上多花点时间是最具性价比的时间投资。

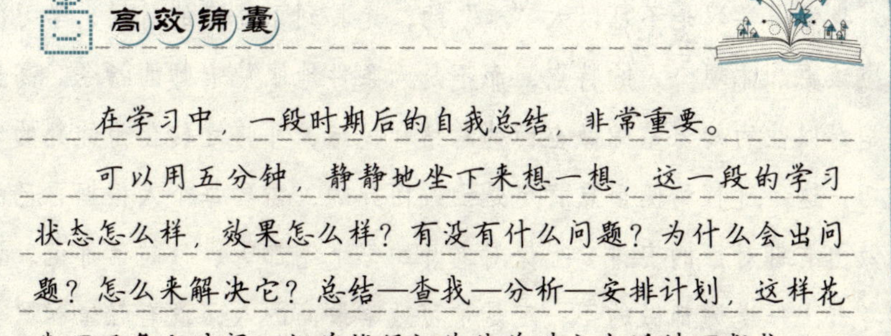

高效锦囊

在学习中，一段时期后的自我总结，非常重要。

可以用五分钟，静静地坐下来想一想，这一段的学习状态怎么样，效果怎么样？有没有什么问题？为什么会出问题？怎么来解决它？总结—查找—分析—安排计划，这样花费不了多少时间，但总能保证你的前进方向通过不断校正，直指目标。

“偷懒”也是一种技巧

在学习中，我们当然提倡“勤”而反对“懒”，但在有些时候，有效的“偷懒”却是提高学习效率的一种手段。

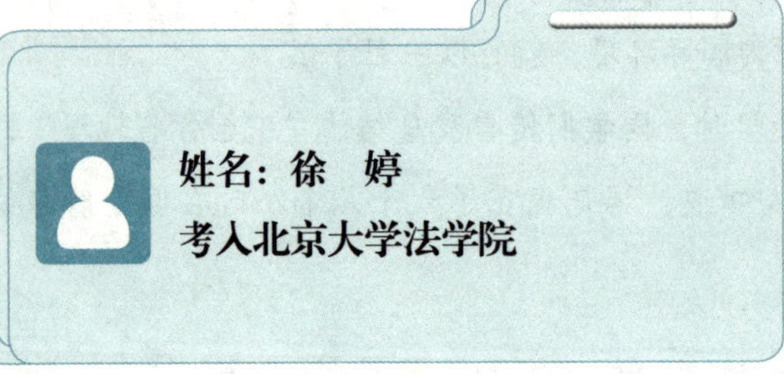

优等生经验谈：

我觉得学习是不可以太“乖”的，尤其到了高三的时候，学习的安排应该更加体现个人的特点，而不是无条件地服从老师的指令。高三复习是对以往的知识基础做全面的总结和提炼，并将之转化为纯熟的实战技巧，这一过程的侧重点肯定是因人而异的，需要每个人根据自己的情况做出有针对性的安排。上课对老师的每个字都听、每句话都记、课后参考书上每道题都做的不一定是学习效率最高的人，没有轻重和取舍总会造成资源浪费、事倍功半。在寸土必争的高考复习中，这样的浪费是很可惜的。复习过程中应分清哪些是早已熟知或可以仅作了解的，哪些是还模棱两可，还不太会与实际答题联系起来的，对这些要求不同的知

识采取不同的方法，并不需要将老师的每一项指导都绝对忠实地执行。

在徐婷同学看来，有时，“偷懒”也是一种技巧。她说：

比如，政治课上对每一部分知识体系的解析说明，就没有必要逐字逐句地听，只需翻开参考书对照一下，便可一目了然；大量的工作应该放到这些条条框框的理论如何应用于分析材料、解答问题上，因为要找准解析材料所需的理论，搞清其中的联系确实比记住理论本身要难得多。历史、地理两科也有相似的状况。把书背得烂熟也可能是纸上谈兵，做起题来一样找不到门路。我觉得复习文科与理科的最大区别就在于不强调做题而很注重看题。看不同的题型，看同一考察对象可以有多少种不同的设问，看对材料的使用，看答案是如何组织、如何从多学科的角度入手的，从而揣摩到运用理论知识的思维技巧。这一点对高考极有帮助，而又恰恰是课本上学不来的。

在做数学题时，最切实有效的方法应该是选择那些比较有难度，综合了多个知识点，又能代表某一套解题路数的典型题目。选这种题目的好处在于它“一招包一路”，有触类旁通的功效，同时在解题中能归纳出一些很有用的公式变形，大大提高解题速度。总之，做数学题的关键不一定在于“多”和“勤”，而在于适当的选材和循序渐进的提高。

讲题并不是在浪费时间

在学习中，有些同学非常不情愿给别的同学讲题，认为这会浪费自己的时间，其实，在你帮助了别人的同时，你同样也得到了学习的机会，这是一举两得的事情。

姓名：马　强
毕业学校：青海省湟川中学
考入北京大学生命科学学院

优等生经验谈：

自习课上给大家讲讲题，解决一些大家疑难的问题，然后讲一讲我自己做题的思路，大家可以互相借鉴、讨论一下，然后得出结论。高中三年我觉得这是我干得比较成功的一件事。首先是在讲题、做题的过程中，我自己有一些收获，可以发现自己做题过程中有哪些漏洞。有时候我讲题，讲着讲着突然一个坎我讲不下去了，我做不下去了，到这里卡住了，我就会和大家探讨这道题怎么回事，为什么会出现这种情况，我哪错了。然后检查上面几步，看大家有没有什么好的思路，好的方法。这样的话，大家互通有无，共同进步。其次这也锻炼了我的表达能力，因为我要把这道题我是怎么做的表达出来，而且要为大家考虑，照顾到大家能不能听明白我在说什么。

在马强同学看来，私心是我们学习上的一大障碍。他说：

有部分成绩较好的同学不喜欢回答一些学习差的同学提出的问题，认为那些东西太简单、太幼稚，实在是浪费自己的时间，或者觉得那些学习差的同学智商太低，给他们讲题一遍听不懂两遍还听不懂，太消耗精力。我认为，实则不然，通常一些学习成绩较好的同学都致力于有难度的题目的攻克，而忽视了基础的积累，往往会造成空中楼阁之势，多回答一些较为基础的题目，反而是重新巩固自己基础的一个好的途径，既不需要再抽出大块的时间去复习那些基础而枯燥的理论，又帮助了其他同学，一举两得，何乐而不为呢？知识是可以共享的，我把我的方法讲给你，我把你的方法学过来，这样我们就有了两种方法，总比只有一种方法、思路要开阔多了。私心，只会阻碍自己进步。

记住，收起私心，给别人讲题不但不是浪费时间，反而是自己在无形中的又一次复习。

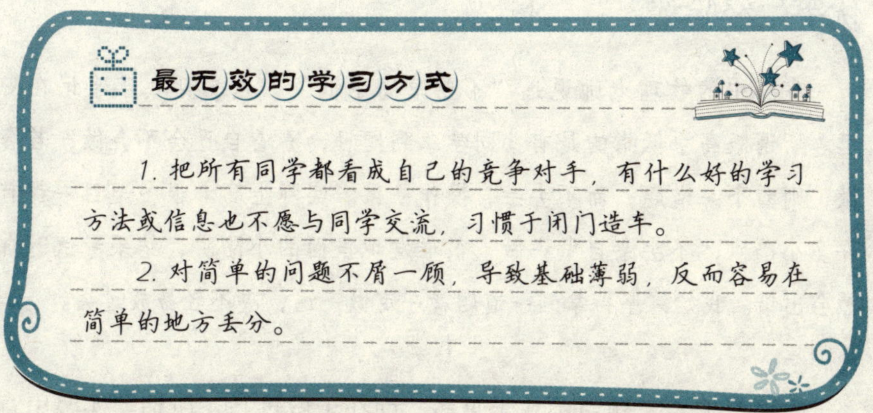

1. 把所有同学都看成自己的竞争对手，有什么好的学习方法或信息也不愿与同学交流，习惯于闭门造车。

2. 对简单的问题不屑一顾，导致基础薄弱，反而容易在简单的地方丢分。

"见多识广"未必是好事

在现在的学习中，参考书、题集很多，即使一刻不停地做题也不可能做完。于是很多同学想来个"见多识广"，把每个题都看一遍而不去做以此节省时间，殊不知这样反而会事倍功半，考试难以取得好成绩。

姓名：胡慧琳
毕业学校：江西省南昌一中
考入北京大学信息科学技术学院

优等生经验谈：

我高中的物理老师说过"不要眼高手低"。这句话我牢牢记在心里。所谓眼高手低指的是有些同学拿到题目，看看自己会不会做，若会做，则看下一道题，而不去亲自操作一番。实际上高考很多题目中都有许多小陷阱，不去亲自做一做，很难发现里面的小陷阱，结果考试时自然会出错。我始终坚持拿到一道题就一定做一遍，决不轻易放过去。

也就是说，"题目不在于见多，而在于做过"。所谓"实践出真

知”是非常有道理的。关于这一点，胡慧琳同学回忆道：

记得高一时有一次考试，我考得不太好，老师把我叫到办公室问我是何原因。我想也没想就说：“太粗心了。”老师看着我，只说了一句话：“你是不是认为不粗心很容易？”回去后，我躺在床上翻来覆去掂量这句话的分量。是啊，做到不粗心并不简单。以前我只是看到了表面现象，却没有想到本质问题。粗心不只是反映一个人的学习态度，而是反映了他的能力！一个人能力强，知识掌握全面，没有疏漏，在做题时就能跳过那些出题者设下的陷阱。因此在以后的学习中，我力求做到全面掌握知识，不允许自己出现无谓的失误，出现错误也不以粗心这个自欺欺人的借口掩盖过去。

由此可见，所谓的“见多识广”还真不完全是件好事，有同样问题的同学们要警惕了。

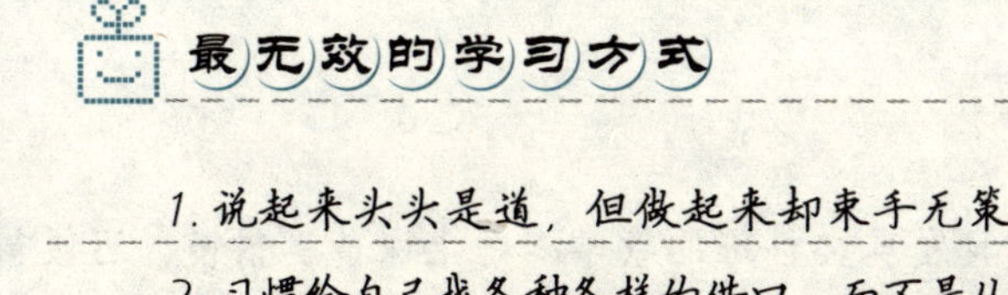

最无效的学习方式

1. 说起来头头是道，但做起来却束手无策。

2. 习惯给自己找各种各样的借口，而不是从自身寻找根源，从而导致一错再错。

找到适合自己的路子

学习，最重要的是要找到适合自己的路子，这才是事半功倍的保障。

姓名：张　宇
毕业学校：天津南开中学
考入北京大学

优等生经验谈：

高中的后两年，我发现文科班的数学老师上课节奏很慢，迟缓得让人喘不过气来。往往一张试卷要花费好几节课才讲完，有时每堂课只讲几道题，简单的步骤也一步不省地写在黑板上，方法又传统，又缺乏灵活性。而我最迫切需要的是快捷思维，敏锐，果断，又具有跳跃性。毕竟高考是激烈的竞争，在120分钟时间内要拿下150分的试题，许多师兄师姐都反映脑子稍一迟缓便根本做不完。所以，根本的是要使自己成为一个反应敏捷、头脑灵活的人，你才有可能符合高考要求，才有可能超群出众。于是我便不断地摸索既适合高考又适合我自己的路子。

那么，张宇同学是怎么做的呢？对此，他说：

上课时，我很仔细，从练习到作业，都像其他同学一样认真对待。讲例题或分析试卷时，我在听懂搞透后，便拿出资料干自己的事，免得长期被慢节奏所限，滞缓了思维。这样，我利用统筹方法合理地安排时间，收获也比那种一味“顺从”听课的同学要大得多。人有时候就要有点“叛逆”精神，我反对那种没有主见或只顾形式的人，而这都是应试教育棍棒下的顺从者，我们呼吁的是个性，是人的价值的全面体现和潜能的全面发挥。在学习上，正如我崇拜的意大利历史学家马基雅维里说的那样，为了达到目的，你可以不择手段。千万不要一刀切，流于形式。

后来证明，我没有受到慢节奏思维的干扰。当别人做完选择题要花近50分钟时，我在25分钟内就完成了。惟其如此，才有更多的时间去思考、解答后面70多分的大题，才有剩余时间供复查。否则，只能慢吞吞被出题人牵着鼻子走，到考试结束的铃声响起，才后悔莫及。

找到一条适合自己的路，勇敢地走下去吧！

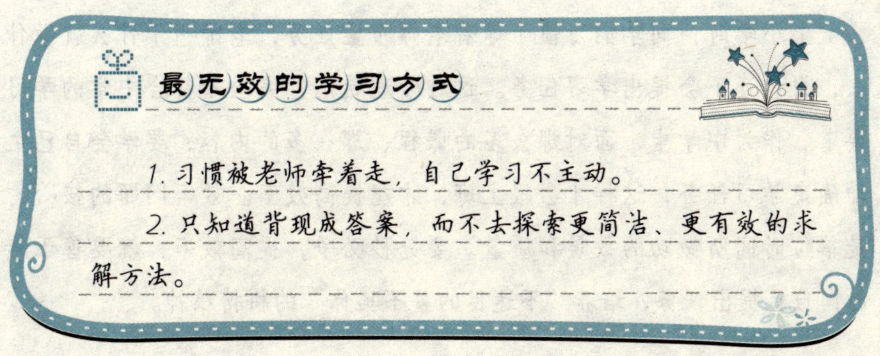

最无效的学习方式

1. 习惯被老师牵着走，自己学习不主动。

2. 只知道背现成答案，而不去探索更简洁、更有效的求解方法。

见缝插针，自定任务

这里要强调的是，在学习中，同学们要学会在单位时间内为完成自定的任务而努力。

姓名：许红蕾
毕业学校：山东省高密一中
考入北京大学

优等生经验谈：

上小学时，同学们习惯于等着老师布置任务，老师叫干什么就做什么，自己还不会提出学习任务。这种心理状态，完全不符合中学的学习要求。作为中学生，面对那么多的课程、那么多的内容，要学会自己主动确定学习任务，这样才会跟上班，才能提高效率。效率问题的核心，是单位时间所做功的数量和质量。要分秒必争，提高效率，就要善于随时向自己提出任务，培养"不达目的誓不罢休"的拼搏精神。

关于如何提高单位时间所做功的数量和质量，许红蕾同学进一步讲解道：

例如，学习英语主要靠实践，要多读、多听、多说、多译。课堂上时间有限，中学班级人数又多，不可能每个人每堂课都有公开实践的机会，那怎么办呢？可以“见缝插针，自提任务”。在老师读、讲、说的时候，自己可默默地跟着读，模仿老师的语音和语调；当别的同学回答问题时，自己也默默地答。这样，就增加了动口的机会，充分利用了每一秒钟。再如，老师在黑板上写单词、句式时，自己可以利用这几十秒钟练习拼读和书写；老师对“主语”提问，自己便可以问：“如果是对‘谓语’‘状语’‘宾语’‘定语’，又该怎么提问呢？”只要有分秒必争的精神，随时随地都有实践的机会。

记住，当没有人向你提问题的时候，你就要自己给自己提问题，自己寻找答案，这也是提高学习效率的一个好方法。

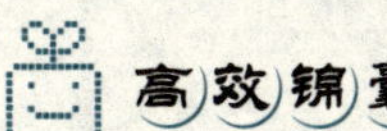

如何在课堂上巩固70%的知识？

在课堂上，有许多巩固知识的机会，问题是自己会不会去利用和把握。首先是在预习时对重点知识已经有了初步印象，上课后再听讲和读教材，老师要举例、解题，还要做课堂练习，为同学们订正错误，向同学提问，组织讨论，还会留些时间让同学们自行消化，下课前还要做小结……可以说，课堂上巩固知识的机会随时都有。

多看“题解”，少看“解题”

多看把一种类型的题目归列在一起，并给出不同解答方案的“题解”，少看只列题目和标准答案的“解题”，是提高学习效率的一个秘诀。

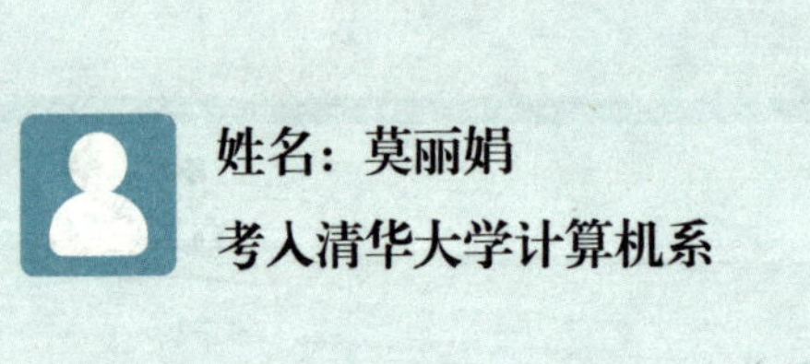

优等生经验谈：

如今，关于辅导学生学习的书籍可谓堆积如山，各种习题集、练习题汇编等应有尽有。但我们究竟应选择什么样的课外辅导书呢？就数学这一科来说，选择“题解”类辅导书，对我们很有帮助。

多看题解的一个好处，是它把一种类型的题目归列在一起，然后给出不同的解答方案。也许有些同学会说答案都给出来了，多没味啊！其实你完全可以换个角度去想想。

比如说这一种类型的题目一共有几种解法？哪一种解法最省时间？在缺少什么解题条件的时候最适宜采用哪种解法？要求证什么，解答什

么样的结论时一般采用哪种解题方法？只要从这四个方面去看书，便会得到很多启发。并且，每当看完一章内容的时候，就静心想一想，归纳出那些值得注意的要点，然后把它们集中记在一个本子上。

莫丽娟同学认为，题解中列出的变化只要你弄懂弄透了，就足够应付高考了。有空的时候，你就把本子拿出来看看、想想，及时记忆，看完一段，再去挑选一些精编的题目做，做的时候想一想那四个问题。这样，慢慢就会觉得做题时的思路理顺了，思路顺了，解题速度、解题能力自然而然就提高了。

看题解还有一个好处，就是题解中有时会列出一些比较难的题目。你可以通过对这些题目的了解和接触，积累解答这类题目的经验。有人说学数学不需要记忆，这是不对的。有时候题解书上会列出一些很关键、很基本的公式和数字，不妨硬记一下，这对提高你的解题速度是大有裨益的。

聪明人都是善于利用他人经验的人，多看“题解”，正是利用他人解题经验的途径之一。

状元心得

既然多看题解有这么多好处，那么具体地说，应该看哪些题解呢？又应到哪里去找这些题解呢？一般来说，有条件的同学可以自己买一些。但是，对于大多数中学生，都应尽量地利用图书馆的资源，因为图书馆的书浩如烟海，应有尽有。往往是你觉得自己手头这本书不错，但到图书馆一看一比较，才知道还有更好、更合适的参考书，而“一本好的参考资料可以胜过你背十本书”。

作业不妨“偷工减料”

高中时的作业很多但时间不够多，何况除了作业之外还要复习很多内容。怎么利用好有限的时间呢？大家可以试试在作业上“偷工减料”。

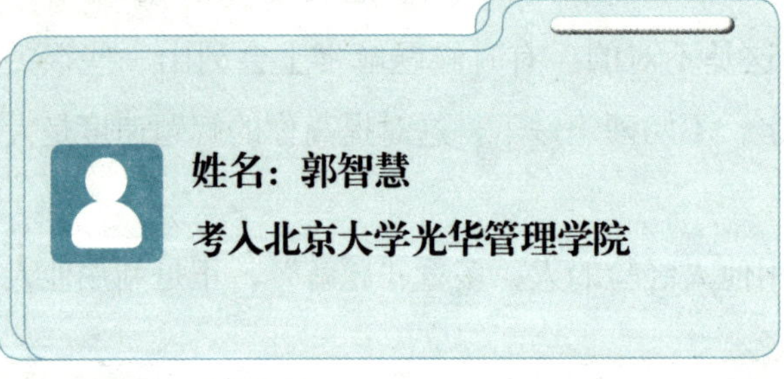

姓名：郭智慧

考入北京大学光华管理学院

优等生经验谈：

我的经验是：简单的题目通通不做；不仅如此，而且五分钟内想不出来的题目也通通不做，这主要是针对数理化来说的。因为我每天要复习至少4门课程，哪有时间抽出半个小时来应对一道题？再说高考中最关键的就是中等难题，高等难题很少，简单的题目大家都会而且不易失误，想要拿高分的前提是不要在难度不大的题目上失误，常言道“好钢用在刀刃上”，有限的时间和精力千万不要浪费。所以如果你不是那种脑瓜子特别聪明的学生的话，最好还是不要花太多时间去死磕难题，那样只会事倍功半。

这种“偷工减料”的方法，不仅为自己争取到了宝贵的时间，还丝毫没有削弱学习的效果。郭智慧同学就是通过这种方法来提高学习效率的。在与此相关的作息时间问题上，她说：

不管怎么减负，高三的负担只会有增无减，而且很有可能不同科目的老师会同时布置一堆作业，这样哪怕像我那样做作业“偷工减料”，还是会有做不完的时候。这时候怎么办？我一般选择累得做不动了就睡觉，就算是没做完也照睡不误。我高三的很多同学不过零点是不敢睡的，可是我总是10点半就上床就寝。有规律的良好作息时间可以保证身体的健康和状态的正常；若是经常为了把作业完成熬夜到一两点，第二天上课时必然浑浑噩噩呵欠连天，甚至埋头大睡，很可能在高考之前就已经把身体拖垮了。所以，不认真完成作业不代表你不认真学习，成绩好的学生未必是最聪明的学生，也未必是作业做得完也做得好天天熬夜的“用功”学生。

所以说，用功和刻苦虽没有错，但是要看是否符合自己的实际，在作业中如果不懂得“偷工减料”的话，很可能做的都是“无用功”甚至“有害功”。

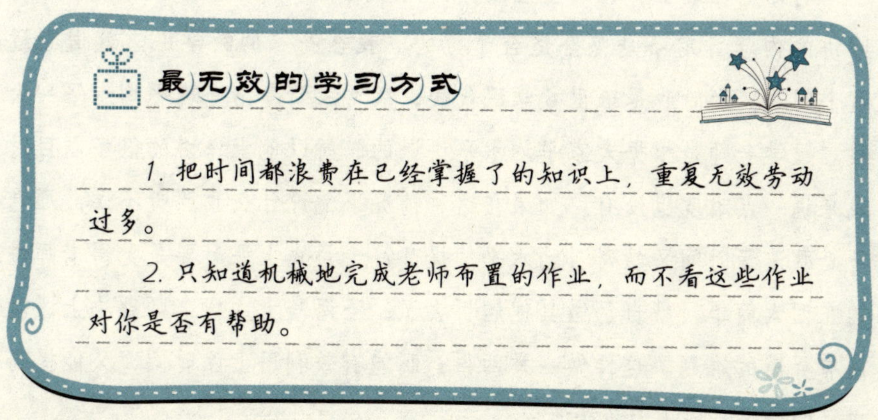

最无效的学习方式

1. 把时间都浪费在已经掌握了的知识上，重复无效劳动过多。

2. 只知道机械地完成老师布置的作业，而不看这些作业对你是否有帮助。

别被老师牵着鼻子走

这里要强调的是，对那些学有余力的同学来说，要学会自主学习，不要被老师牵着鼻子走。

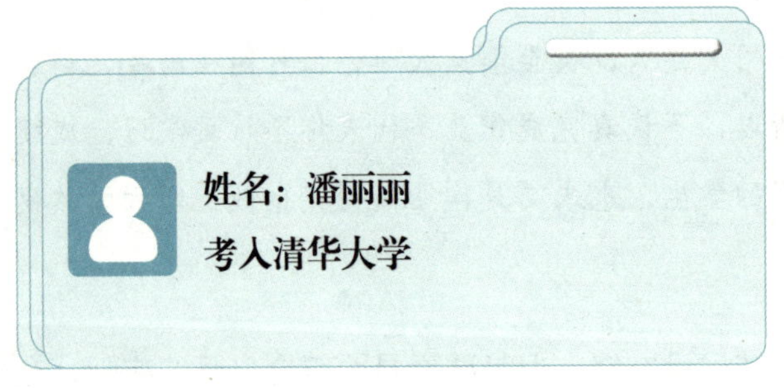

优等生经验谈：

老师是在给至少50名学生授课，而不是专门为你量体裁衣，所以老师讲的内容肯定不是完全适合于你的。我在高三的数学课上就遇到过这个问题：那时我是班里数学课代表，数学成绩高出全班平均水平一大截。数学老师是根据大家平均水平讲课的，所以他上课讲的很多题目对我来说一点难度也没有。如果在这种情况下他说什么我照听不误，那岂不是既浪费时间又妨碍自己水平的提高？于是我上课时要是觉得老师讲的东西太简单，就自己做其他题目去了，下课马上去找老师解决上课时没有弄懂的难题。这样做一举两得：既能有效利用上课时间，又能提高自己的水平，何乐而不为？

也就是说，在有余力的情况下，要鼓励自己敢于抛开老师自学。潘丽丽同学专门总结了自学的三个步骤，非常值得同学们借鉴。

1. 先将课本上的知识点整理出来，当然，这是在预习课本的基础上进行的，找出重点及难点，对课本上的概念、定理、定律仔细琢磨分析，找出其成立所需的条件，它的意义以及它可以解决哪些相关题目，这些都要结合一定的习题来训练。

2. 将自己不懂的问题记下来，拿去跟老师讲的对照，检查自己思维的严密性。

3. 将老师的解答经过归纳后记录下来，但不必记老师讲的每一句话、每一个字，只记那些自己思路不清的地方就可以了。

这就是说，完全不听老师的当然不对，但在自己有能力自学时也被老师牵着鼻子走，那大好的时间就真的浪费掉了。

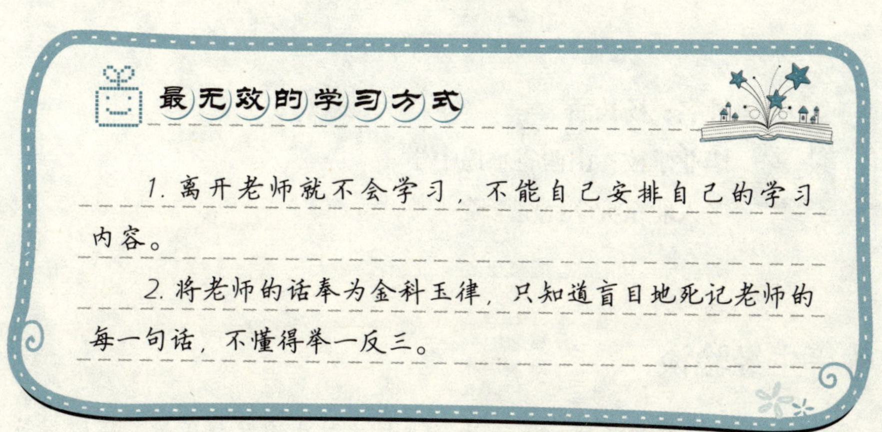

073 如何应对不喜欢的科目

每位同学可能都会有自己不喜欢的科目，面对这些科目，就算用和别的科目相同甚至更多的时间，可能效果也要大打折扣。但是，在3+X模式下，偏科的结果必然是失分。可人是有感情的动物，毕竟不可能对每门功课都那么热爱，那么，如何应付不喜欢的科目呢？

姓名：杨长涌
毕业学校：山西省平遥中学
考入北京大学经济学院

优等生经验谈：

对不喜欢的科目，有一个办法，就是将其内容尽量压缩。压缩得越少越好。压缩以后，因为内容有限，再不喜欢也总算能耐着性子学下来了。说也奇怪，记得越少，用得反倒越活。拿政治为例，其实，这几年有关政治的考题越出越活。单纯靠记忆的题日益减少，而要综合分析的题日益增多。就是时事政治，也不是用填空选择的形式考了，而是要你用相关理论来分析时事政治。这样一来，对于这样记住一点基本概念，

掌握一点理论框架的人来说，可能反倒有利。

记住，对不喜欢的科目，换一种学法，把它压缩、再压缩。

面对不喜欢的学科，无非是以下几种选择：

第一，虽说不喜欢，但强迫自己去学，理智要战胜感情。

第二，既然不喜欢，索性不学了，感情战胜了理智。

第三，自己不喜欢，就少学或换个方法学。

现在看来，还是第三种选择比较符合辩证法，既不要理智压过感情，也不要感情盖过理智，不要那么走极端。另外，这样的选择也比较适合中学生的心理。硬学，也实在是强人所难；不学，也不切实际。还是巧学为上策。

所以说，有自己不喜欢的科目并不可怕，可怕的是不会想办法来解决。

最无效的学习方式

1. 对自己不喜欢的科目采取逃避心理，久而久之，对该科目由不喜欢到讨厌到恐惧，最终完全丧失了对该科的学习兴趣。

2. 对自己不喜欢的科目的学习只讲形式不讲效率，感觉我只要学了就不算偏科，最终时间花了不少，但效果不佳。

时间用好了，你的一天可以是25个小时；你一分钟的努力可以换回两分钟的收获；你学习起来张弛有度，充满自信。时间用不好，那么你失去的将不只是时间。

——美国著名时间管理专家

布莱恩·崔西

第五章 杜绝时间浪费有方法

在学习过程中，每个人都可能会遇到各种各样的干扰。有来自自己的，也有来自外界的，它的突如其来，常常会打乱你的安排，使你原来的计划变得一团糟。原本充足的学习时间就被白白地浪费掉了。因此，在面对突然而至的干扰时，只有成功地排除它们，你才能杜绝时间的浪费，真正成为学习时间的主人。

及时调整自己的不良状态

同样是学习一个小时，学习状态的好坏直接决定着学习的效果。如果发现自己的状态出现了问题，就应该马上进行调整。

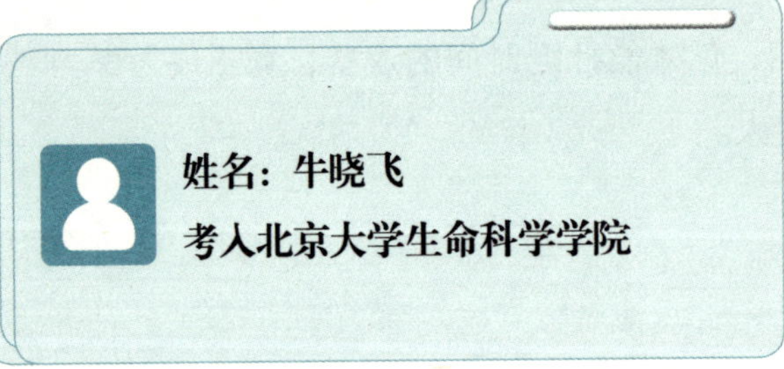

优等生经验谈：

“高四”伊始，我感觉到压抑，与师弟师妹们赛短长，比高下，还不是对手，突然感觉此生无望，前途渺茫。于是思考自己当初的选择应不应该，自己该何去何从。愤怒地翻着早已破旧、早已熟悉、此时又平添几分躁怒的课本，心中苦痛有谁能体会？

一次又一次的考试，早已厌倦的试题，整天昏昏欲睡的精神状态，犹如压在我这几近崩溃的心上的“三座大山”。我不能再逃避，我只能去面对。该如何面对？我该怎样调整？此时此刻，我只能去求助老师，我将我的状态与感受和盘托出。老师非常诚恳，告诉我这需要一个过程，从心理上调整心态：要允许自己暂时不如别人，努力进取，追求卓越；从生理上调整生活状态、作息时间、饮食规律等等，使自己保持一个良好的学习状态，这样才能取得进步。

作为一名复读生，牛晓飞同学确实比应届生多了几分压力。那么，他是如何调整自己的状态的呢？看看他自己的回顾吧：

于是，我便开始了我的自我改革。

忘记名次，抓住错误，找出漏洞，设法弥补。坚持每天晚上11：00睡觉，早5：00～5：30起床，学习累了就去打乒乓球，出汗而归，静心学习。时不时去图书馆汲取点新鲜养料，文理交叉，调节神经，以应付残酷多变的“大综合”。同时，制订计划：总计划、学期计划、月计划、周计划，甚至日计划，以及奖惩方案。按完成效果，实施奖惩措施。这个重在坚持，这坚持就像“10000000000000000”中的“1”；没有坚持什么都是零！看上去、想象中再好也没用。

我很幸运，我坚持了下来。这也正是我今天能走进北大，实现了我的梦想的原因。

在学习中，很多同学会遇到像牛晓飞那样的“低潮期”。这时，就要想办法及时进行调整，不要让这种不良状态影响了自己的学习。

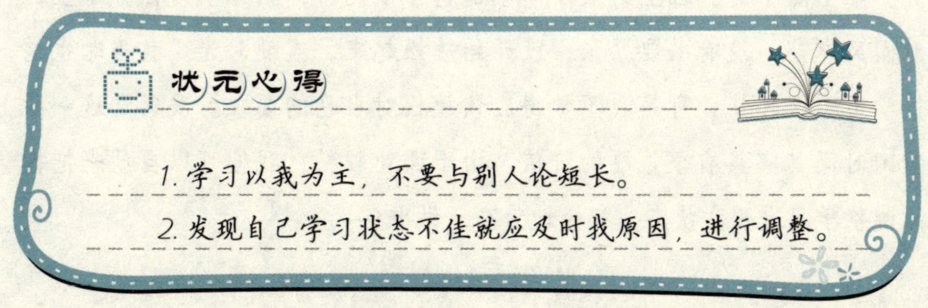

让自己紧张起来

有很多同学认为，高一和高二是比较轻松的，没必要搞得那么紧张。然而，就是在这不经意的放松当中，你宝贵的时间就悄悄地溜走了，等到了高三时才追悔莫及。其实，从高一时起就保持适度的紧张感，才能为高三打下坚实的基础。

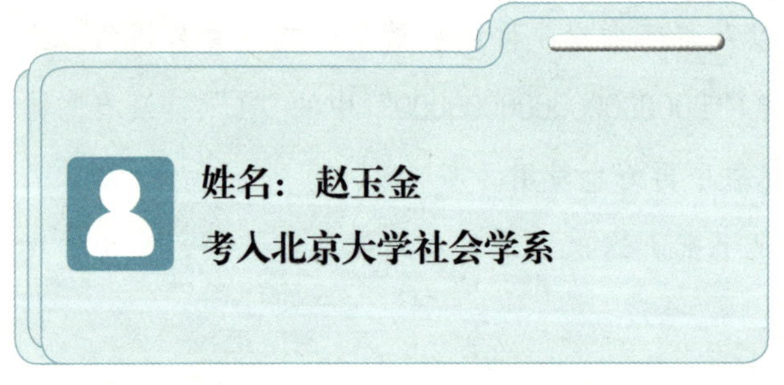

优等生经验谈：

刚上高中时，班上的很多同学都觉得很无聊，认为学习任务不重，时间又充裕，没有必要紧张，就开始放松起来，虚度时光。我当时也觉得学习上很轻松，可是我不觉得应该放松对自己的要求。我感觉这一段空闲时间其实具有很重要的价值。由于课业较松，我们可以自己来把握和调整学习进程和状态，积极地为高三做准备。

那么，赵玉金同学是如何为高三做准备的呢？以优异的成绩考入北

京大学社会学系后，他在总结自己的经验时说道：

当时，我开始利用课余时间背四级词汇，每天背五页，三个月下来就背得差不多了。这项举动使我的英语成绩有了很大的提高，单词对我而言已不是问题。当时我还想坚持看牛津语法，可惜没有坚持下来。我想，如果我坚持了，今天我的英语水平就又是另外一个层次了。

不光英语，其他各科我也都在想办法查漏补缺，提高水平。数学补了函数，做了一些较难题目加深理解。语文方面我坚持每星期写一篇命题作文，来提高写作水平，也收到了一定的效果。还有一件事情使我受益匪浅，那就是交了几个好朋友。平常有时间，我们在一起打羽毛球，踢足球，锻炼身体，放松紧张的神经。周六晚上我们出去逛街闲聊，天南海北无所不谈，放飞思想。所以，整个高二，我的状态一直很好，学习上也比较顺利，为从高二向高三过渡打下了坚实的基础。

因此，当你空闲时间比较多的时候，不要受周围同学的影响，而是要让自己保持适度的紧张感，从而避免到了时间很紧的时候手足无措。

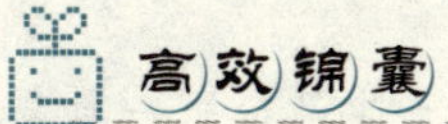

1. 当学习任务不紧张时，自己要给自己安排相应的学习内容，不要受周围同学的影响。

2. 利用这段时间将以往薄弱的科目与环节进行加强，因为到了高三，能给你查漏补缺的时间已经很少了。

保持对学习的热情

这里想要强调的是，你对学习必须保持足够的热情，否则，你就会在无所事事中让时间白白溜走。

姓名：刘黎君
毕业学校：江西省上饶一中
考入北京大学经济学院

优等生经验谈：

带着有一点狂妄的想法，我开始了我的高三生活，可一日复一日的枯燥学习，学长学姐们对于高三如何之恐怖的描述，不上不下的分数，慵懒的生活状态，在四月的某一天，我进入了所谓的“低潮期”。在那段日子里，我丧失了对学习的热情，整天无精打采，无所事事，我甚至有过要放弃上北大的想法。幸好上天眷顾我，给了我一直支持和鼓励我的老师、同学和家人，使我走出了那段“低潮期”，重新拥有了对学习的热情，从而真正地走上了通往梦想的道路。

对于学习来说，如果没有热情的话，就容易消沉，容易放弃，就很难往前走得远些、再远些，如果没有热情，就很难从题山书海中站起来。那么，如何才能保持对学习的热情呢？

1. 寻找学习中的快乐。其实学习本是快乐的，但如果目的只是考试的话，这其中的乐趣就不容易被发现了，所以，眼睛别总盯着考试，虽然考试无法避免，但学东西才是真正重要的，当然，乐观主义精神也是要有的。

2. 寻找知识内在的关系。举一反三能够提高学习的效率，同时，当你发现你所学的东西能解决很多问题时，你难道不想继续学下去吗？在高三时，大家需要做大量的习题，而其中有大量的习题是重复的，因而这个过程是非常枯燥的，这时，通过一个学科的学习找到其他方面的乐趣，才能使学习的情绪保持高涨。

3. 保持好的心情。好的心情不仅可以使学习变得快乐，更重要的是，人在心情好时思维会比较灵活，学习效率会更高。

记住，学习起来如果没有热情是毫无效率可言的。

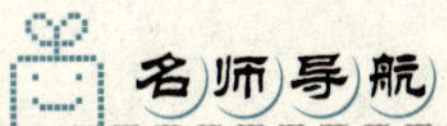

当学习情绪不高时，可以偶尔放松一下（前提是别太过分），能够使人在比较长的一段时间里保持一种良好的精神状态，和同学一起“疯狂”一下，不仅可以增进感情，还能够互相交流，排遣心中的郁闷和困惑。

不能"急"，更不能"慌"

在学习中，最忌讳"急"和"浮"，这两种心态是你高效率学习的大敌。

姓名：宫金玉
毕业学校：辽宁省沈阳二中
考入北京大学国际关系学院

优等生经验谈：

高三的时候，最容易出现的情况就是烦躁。那么多科目，那么多练习题，那么多考试，同学间竞争激烈，难题不断出现，东西背了又忘……似乎永远没个尽头，这样的心理相信是每个人都有的，所以当你感到心烦意乱、索然无味、烦躁不安时，就一定要告诉自己："这是很正常的，这并不可怕，大家都是这样的，我有办法调节它。"冷静下来，不要越来越怕。

对于如何克服"急"和"慌"的心理，宫金玉同学为我们提供了一些自己摸索出来的方法。

1. 首先要克服“急”的心理。的确，我们要面对很多任务，每天都会发现自己有新的不足、有新的漏洞，时间永远不够用，而每次看书都像是以前没看过一样……我们急……但急又怎样，困难会消失吗？进度会加快吗？我们每个人早上起床都应该给自己订个计划——一个可以完成的计划。晚上临睡前我们想一想，今天我努力了吗？我进步了吗？哪怕只有一点点，那就好——我向自己的目标迈进了一步，今天又是有收获的一天！每天进步一点点，这就足矣！

2. 再一个就是要克服“慌”的心态。同学们一起学习，不相互比较是不可能的。老师今天表扬他了，她又做了新的题了，考试中的名次啦，总之，一句话、一个动作都会引起心态的起伏，整个人都处于一种惊惶失措的状态中。这样的情况每个人都会有，但当时觉得是多么严重的问题，高考之后回想起来，其实都是无关紧要的。要知道，你是要和几十万人一起高考，而不是你眼前的一两个人，比他好，你未必在几十万人中就好；比他坏，你未必在几十万人中就坏，而且事前一切的一切，考试也好，老师的话也好，不过是一些演练，都是假的，真正的考试只有一次，那时的好才是真的好。

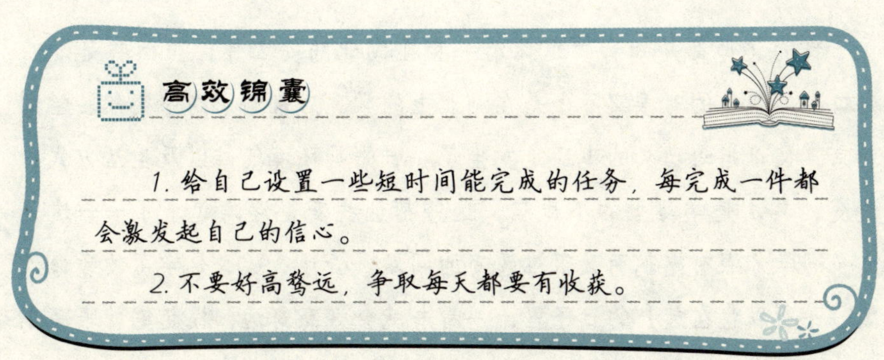

1. 给自己设置一些短时间能完成的任务，每完成一件都会激发起自己的信心。

2. 不要好高骛远，争取每天都要有收获。

心浮气躁是学习的致命天敌

学习的关键在于能静，不能静就只能导致事倍功半的效果。

姓名：陈　鑫

考入清华大学精密仪器与机械学系

优等生经验谈：

我的父母都是知青，退休前一直在湖北陆安工作，虽然我是北京户口，但我小的时候实际上是在湖北上的学。后来到了高中突然转学到北京，父母担心已久的事还是发生了。首先是环境气候以及生活方式的改变，其次是学习上的不适应，这些都让我变得浮躁起来了——这是许多同学都深有感触而又很难改变的问题。心浮气躁，是学习的致命天敌——所以我在起初的日子里，一看书就会好高骛远，提起笔就眼高手低，小遇挫折便会让我心灰意冷，效率当然低到了极点。

浮躁的心态使陈鑫同学的学习成绩直线下滑。回忆起往事，陈鑫同学说：

说实话，我以前的成绩还不错，但不知不觉间就滑到了班上的十多名。班主任老师在一周之内破纪录地找我谈心七八次，或是循循善诱，或是大发雷霆，虽然我口头上答应了，心思仍然无法完全投入到学习之中。直到后来我在《青年文摘》上读到一篇报道，情况才有所改变。故事说的是在广西女子师范大学中，进步最快、学习最优秀的往往不是那些天资聪慧、条件出众的中国学生，而是一些生活清苦的越籍女尼。我久久地思考原因。终于明白了，正是因为她们心静如水，才造就了她们的出类拔萃。而我现在却仿佛两脚站在空中，轻飘飘的，这不正是我无法进步的原因吗？我翻出了以前爸爸送给我的《教子书》。反反复复吟诵诸葛亮的《诫子》一文，并在日记本的扉页上重重地写上一行醒目的大字：非宁静无以致远，非淡泊无以明志。慢慢地，我走出了轻浮的雷区，将学习调整到了高效的状态。

把心浮气躁变为脚踏实地，这就是提高学习效率的保证。

要培养自己“学习时间不可侵犯”的意识。比如说，一旦要学习，就要把全部精力一点不差地放在学习上，要不断暗示自己马上投入，不能拖拖拉拉，不能拖泥带水，不能心有杂念，要防止和避免别人干扰自己等等，这对提高学习效率有很大帮助。

聪明不是放松的理由

不能否认，有些同学很聪明，但聪明并不能成为放松的理由。对于学习来说，你付出了时间并不一定能取得相应的效果，但如果你不付出的话，就一定不会有收获。

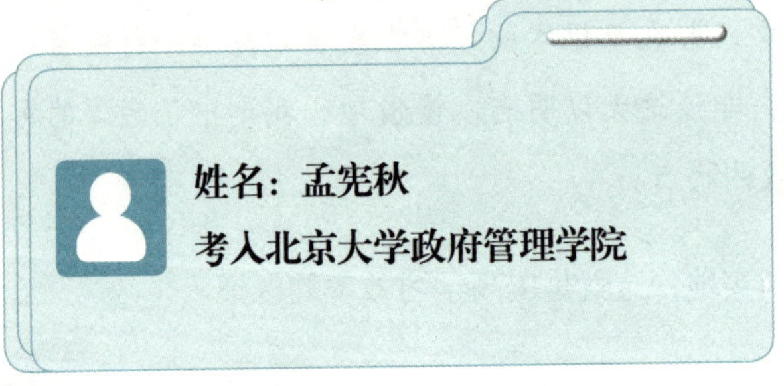

优等生经验谈：

我在小学有过很辉煌的经历，那时候年少轻狂，学校的每个课外小组都参加，每次比赛都去，自以为聪明过人，属于天才之列。上高中前，我认为高中的生活不应太单调，应该是丰富多彩的。于是，高一时除了正常上课以外，我把其他的时间都花在了组织活动和体育运动上，别人吃过晚饭就去上自习，我却在球场上驰骋，每天如此。当我大汗淋漓地坐在桌旁吃面包时，大家都用惊异的眼神看着我，我很自豪，看，我玩得多，学得也不错。不经意到了高三，高一时基础不牢的毛病一下子就显了出来，成绩直线下降。这时我才明白，真正的天才尽管存在，但是每一个成功者背后都有着坚持不懈的努力。直到现在，我还记得数学组的老师看到我自恃聪明时对我说的那一句发自肺腑的话：“要想人前显贵，就得暗中受罪。”这句话虽然不是什么至理名言，甚至不算严格的对偶，可它却道出了我们每一个人都容易忽略的问题。

确实如此，高中的知识看似简单，内涵却十分丰富，如果没有大量的时间去思考，没有大量的时间去训练，很难真正去掌握，似是而非的情况很多。虽然你很聪明，但如果不肯花时间在学习上的话，同样会一无所获。

幸运的是，孟宪秋同学及时发现了自己的问题，他说：

不论一个人的智商有多高，如果不舍得在学习上花时间的话，他的学习成绩同样不会提高。比如英语阅读理解的能力就不是十天半个月就能提高的，必须每天花一点时间做一遍完形填空或两篇阅读理解，做完之后与答案对照一下，把错的小题仔细琢磨琢磨，看看究竟是什么原因导致错误的，是语法概念不清、单词意义不明，还是其他什么原因，这样，才能不断提高阅读能力和逻辑思维能力，并最终占领这两个制高点。

考试中很多东西看着会做却做不对，为什么呢？每件事都有它的原因，将考试分解为每一道题、每一个知识点来看，还是因为知识点没掌握牢。记忆曲线告诉我们，每一个知识点都需要反复温习，这就需要大量的时间。那些认为自己很聪明，这些知识点都会了的同学往往对此不屑一顾，这是最要不得的。

处理好爱好与学习之间的关系

每个人都有自己的爱好，这无可厚非，但关键是要处理好爱好与学习之间的关系，不能让爱好干扰或过多侵占原本属于学习的时间。

姓名：陈　元

毕业学校：北京80中

考入北京大学

优等生经验谈：

高一时我疯狂地迷恋上了电影，那时主要看一些娱乐片，所以每周五的《周末新影院》几乎成了我七天的期盼，甚至成为我的精神支柱。当同学们都利用周末的时间拼命适应高中学习的时候，我却沉迷在光怪陆离的虚幻世界中。为此，分科时，我无视家长的反对，选择了文科，狂妄地以为自己定能考上北电表演系。那些年少时为北大做过的梦也因为成绩的下降，而差点被迫放弃了。我想现在也一定有许多像我一样做着演员梦的少男少女，但如果高中三年你一直是以学业为主的话，请在走上这条路之前一定要三思。当我走进北电复试考场的时候，那个在几千人面前登台演出都从未紧张过的我，却转身走了出来。是的，我当了北电的逃兵，面对那些舞蹈专业或从影多年、身材姣好的考生，我唯一的感觉就是这根本没有可比性。尽管我演过全四幕的话剧，尽管我得过全国比赛的大奖，但我相信这些花拳绣腿对考官来说，早已见多不怪。

就是因为没有处理好爱好与学习之间的关系，陈元同学得到了沉重的教训。他说：

我真正领悟到，对于一个多年在重点中学学习，又从未受过专业培训的我来说，电影只能是一种爱好。每个人都有追求所爱的权利，但我们必须处理好爱好与学习之间的关系。应让其相辅相成，千万不要相互矛盾，否则必是两败俱伤。如果你要付出一定的精力在爱好上面，那么尽可能地把它变成自己的特长，并且尽量提高学习效率，掌握有效的学习方法，这样便可事半功倍。

记住，正确地处理好爱好与学习之间的关系，要让爱好来帮助和促进学习，而不是成为学习的障碍。

状元心得

有自己的兴趣爱好还是有好处的，就看你怎么处理了，不能什么都不干了，就只是钻在书堆里，那样也未必就好，学到最后都学成“书呆子”了；但是也不要花太多时间在兴趣爱好方面，还是要把大部分时间用在学习上。偶尔把自己的兴趣爱好拿出来，调节一下身心，调节一下大脑，这样比较好。自己一定要有个安排，做到心里有数。

081 离容易着迷的东西远一点

中学生的好奇心是很重的，也很容易受到各种各样的诱惑，为了不让自己的学习被干扰，你所能做的就是：离容易着迷的东西远一点。

姓名：李雯翠
毕业学校：湖南省双峰一中
考入北京大学外国语学院

优等生经验谈：

要有效地掌控自己的时间，就必须在日常的学习之中管住自己，保证学习质量和一定的学习时间。想做到这一点首先必须远离诱惑。离电视、电脑、小说等让你垂涎的东西远一些，不要玩容易着迷的东西。我们中学时男生们玩游戏机是很疯狂的。常有人逃课到游戏机室去，这自然非常影响学习。现在，游戏机室的地位已经被网吧所代替，很多中学生去网吧上网聊天或者联机打游戏。这些活动是连大学生都会上瘾的，更别提年龄小、自制力差的中学生了，所以还是少接触为妙。

当然，远离诱惑并不是说就远离娱乐。适当的娱乐也是保证学习质量的必要条件，一天到晚对着课本是不可能有高效率的。然而，何为“适当”的娱乐呢？李雯翠同学这样说道：

我比较提倡室外运动。几个朋友一起打打球、游游泳就是非常不错的娱乐，既可以舒活筋骨又可抖擞精神。我上中学时，在空闲时间里，一般都是坐在家里看电视。我的同学大多也这样。我的爸爸对此常感叹，说：“现在的年轻人越来越不会玩了。”到了大学，我开始注意多参加室外的体育活动，发现运动确实是最健康最愉快的娱乐方式，也是最适合年轻人的娱乐方式。

所以说，玩，要开开心心地玩，而到了学习的时间，就应该全神贯注、不开小差。在制订学习计划时也要注意，一项任务给的时间不要太多，要考虑在效率较高的情况下完成需要多少时间。

面对外界光怪陆离的诱惑，我们一定要离那些容易让人上瘾的东西远一些。

省时妙招

在完成某项任务的时候，要学会把这项任务细分，例如计划是复习一个小时的英语语法，则可以事先大致想好几分钟看一页。假如看前一页的时候开了小差超了时，后面就要注意把效率再提高些。这种方法可以减少开小差的次数，降低开小差的规模。

不要在“入境”与“出境”中重复运转

在学习中，太多的走神会损害我们的创造力和敏感度，使我们不断进行着“入境”和“出境”的重复运转。

姓名：吴向连

毕业学校：山西省大同二中

考入北京大学中文系

优等生经验谈：

有许多同学把很多时间投入到学习中去，但收效甚微。为什么？答曰：“他（她）没有投入。”投入是一种高度集中的精神状态。在意念上，投入到学习中的人能做到专心致志，心无旁骛，不为任何外物所扰，是一种“衣带渐宽终不悔，为伊消得人憔悴”的付出。譬如解一道数学题，投入到学习中的人不仅会关注到诸如一元二次方程Δ是否小于0，一个多项式作为分母时是否为零，斜率K是否存在等等诸多细小但重要的问题，而且还会关注它与前后的纵向知识联系和同一知识框架内不同部分之间的横向联系，它不仅关注当前一题的最优化解法，还会关注这道题所代表的题型及这类题所蕴含的数学思想与方法。再如答一道历

史题，全身心地投入会使我们始终能将它置于一个错综复杂、纵横交错的历史坐标里，更全面、准确和真实地讨论一个人和一件事。写一篇作文，如果自己尚且不投入，不能酣畅淋漓、一气呵成地表达自己，又怎能打动别人？

人的大脑是有一定的紧张限度的，超过这个限度学习效率自然就会下降。因而当感觉到注意力无法完全集中时，就不要再勉强自己坐在书桌前学习，可以抽出几分钟时间听听音乐、散散步，让紧张的精神放松下来，而后再投入学习，效果会更好。但有的时候不是因为劳累，而是由于某些事使精神不能集中，这时就要学会控制自己的注意力了。吴向连同学说："每次学习之前，我总会对自己说，现在我要开始学习了，无关学习的念头一律要抛开。其间出现'走神'的情况，我也会及时暗示自己：现在正在学习，其他的事以后再想吧！这样我就可以集中注意力完成整个学习过程了。如果你也曾为'走神'而苦恼，那不妨试试这个方法，也许会有意想不到的效果呢！"

记住，在学习中你投入了时间，同时还要投入精力，别让走神成为你浪费时间的凶手。

改掉心不在焉的毛病，加强自我约束，将干扰降低到最低限度。例如，不完成预定计划，就不看电视，就不出去玩。如果还没完成作业，而别的同学邀请你去玩，要学会说"不"。

避免欠下“高利贷”

有些同学在学习中养成了“推”的习惯，今天的任务推明天，明天又推后天，长此以往，只能是需要补的窟窿越来越大，形成了滚雪球似的“高利贷”，怎么还也还不完了。

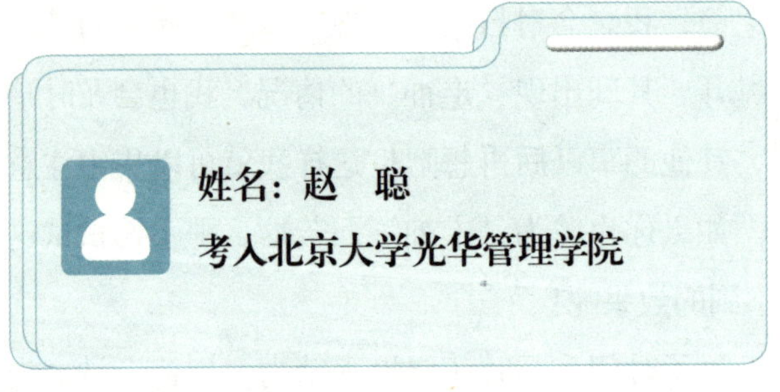

优等生经验谈：

老天很公平，给每个人的每一天都是24小时。但是，同是24小时，不同的人会有不同的效率。有的同学学习、娱乐、休息安排得井井有条，学习效果也很好；而有的同学却恰恰相反。原因何在？主要问题就是他们没有形成限时完成学习任务的观念，今天推明天，明天推后天，问题越积越多。因此，要想在学习中提高效率，就必须要今日事今日毕，不要总推到明天，养成拖拉的习惯。

确实如此，赵聪同学之所以如愿以偿地考入了北京大学，关键就是他养成了不拖拉的习惯。对此，他说：

从小到大，我一直是一个乖孩子。小时候每天放学回家，我一定先把作业做完才肯看电视。直到高中，我仍然是每天及时复习巩固当天学过的知识，从不欠账。每天放学回家，我都要先想一想白天在学校学了什么。如果学了数学，我一定要做这一部分的习题来熟练地掌握它。如果是史、地、政，就一定要及时理解并记住。有时候面对这么多功课，真想推到明天再做。可是明天还有明天的学习，千万不可“明日复明日”，要知道“明日何其多”，唯有“今日事今日毕”，一日复一日的积累，才能取得好成绩，实现梦想。

记住，学习上的“高利贷”真是欠不得，它的“利息”足以把你压垮。

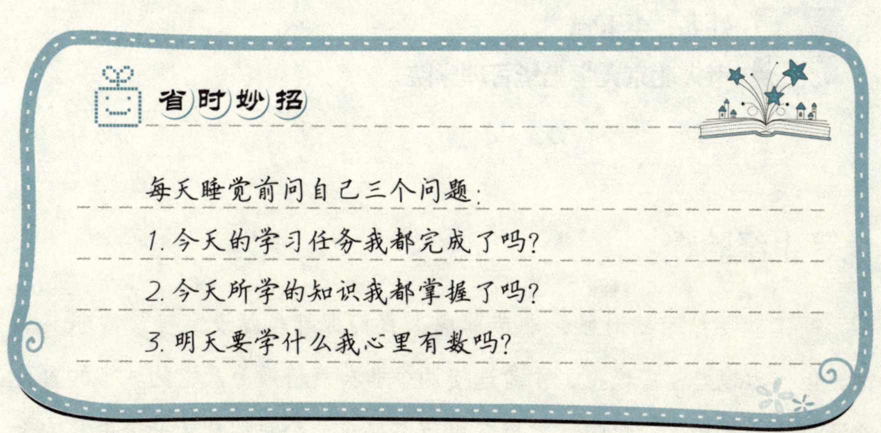

省时妙招

每天睡觉前问自己三个问题：

1. 今天的学习任务我都完成了吗？
2. 今天所学的知识我都掌握了吗？
3. 明天要学什么我心里有数吗？

当意外不期而至

在学习中，很可能会有意外不期而至，从而打乱你的正常学习状态，这时，就需要你冷静面对了，不要让意外事件对你的学习形成干扰。

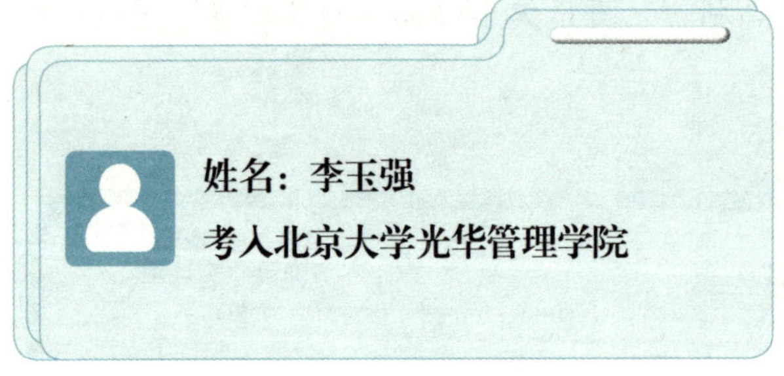

优等生经验谈：

高二就要结束的时候，非典肆虐。我们邯郸虽然没有确诊的非典病例，但因为地处京广线上，作为连接两个非典疫情最为严重的城市的重要交通枢纽，早已人心惶惶。学校按照市委要求，给我们放了一个半月的长假。疫情过后，城市恢复如初。但是放假回来的我们却发生了明显的变化。有的同学成绩直线上升，当然也有的成绩骤降。我是上升的一个。成绩骤降的同学自然是在家里过于“享受生活”，把学习抛诸脑后了。

李玉强同学在意外事件后，成绩反而得到了提升，这就说明他没有

被意外所干扰，而是利用这个难得的假期充实了自己。他说：

假期没有办法上课，这样老师布置的作业——那些卷子就成了我维持并提高成绩的救命稻草。卷子很难，尤其是数学。有时候一道大题要想半个小时还不一定能做出来。我当时做得很烦。于是，我给自己约法三章，要求自己每天上午学习，下午玩，以调动自己的积极性。从后来看，这个办法很有效。我感觉那段时间学得扎实，也玩得开心。经过这次的成绩变动，我的成绩基本稳定在了最前面几个名次，再没有很大落差。

意外事件可能会使你的正常学习中断，但你必须重新找到一种适应这种意外的学习方法，来抵消它对你学习的干扰。

状元心得

有一些同学，也许天生就具有一种躁性，老想一下子就把学习任务完成，然后到他自己的“小天地”去“自由自由”，结果在学习上就马马虎虎、粗心大意，不是丢“东”，就是落“西”。数学中忘了一个符号、一步运算，语文中张冠李戴、加“点”少“划”，缺乏一种严谨认真的学风。要知道，这种马虎的学习态度，不仅会使你返工、丢分，还会浪费你的精力。

不要贪玩一次忏悔百天

有的同学常常因为一时抗拒不了诱惑而拼命自责，其实，你们应该想到，在你忏悔的同时，又有一部分时间悄悄溜走了。

姓名：卢晓宇

毕业学校：广东省高明一中

考入北京大学经济学院

优等生经验谈：

在周末或较长的假期里，我也常常管不住自己，把原本计划用于学习的时间用来娱乐。事后，每当我懊恼地想“惨了，这个晚上又没了”的时候，我又很快会告诉自己：“反正已经玩了，时光不能倒流，后悔也于事无补，也许这样会让你在下个星期的学习中更有效率呢。”也许这样有点自欺欺人，但却是我放大假回来后，消除内疚，尽快全身心投入学习中去的好方法。

西方有一句话，叫“不要为打翻的牛奶而哭泣”。当我们因为贪玩而耽误了时间后，自责、忏悔都是无济于事的。卢晓宇同学说：

生活中的诱惑实在太多，而学习又实在没有足够的吸引力让我去始终如一，犯规、破戒、越轨就在所难免。这一点不必过分苛刻地要求自己，否则贪玩一次忏悔百天，影响日后学习的心情和状态。不如就当是放松了，撇开一切去寻求尽兴，也要提高玩的效率嘛！然而万不可以此为借口，频频给自己放假，积习成性，以后对什么事都没有恒心了，那样的话就是整个人生的失败了，相信有大抱负的人是会调整好这个“度”的。究竟把毅力定义在什么程度上，是你自己的事情。

时间既然已经耽误了，就不要放在心上，重要的是如何把浪费的时间补回来。

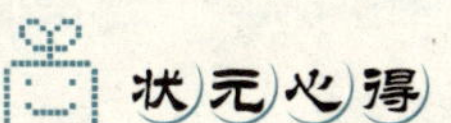

经常有这样的同学，用过的东西随便摆放，今天放在书桌上，明天就会跑到沙发上，后天又飞到了床上，有时，需要用什么东西，找不到却又急得团团转，无形中也浪费了不少时间。

086 可怕的恶性循环

在学习中，适当的压力会起到激励自己奋进的作用，但压力过大却会适得其反，甚至影响到自己的学习效率。

姓名：陈　栋

毕业学校：湖南省湘乡东山学校

考入北京大学

优等生经验谈：

有一点关于学习上的经验，希望能够和大家一起分享。学习总的而言必须付出！那是一件很辛苦而持久的事情。学习理科的同学应该知道：W=P×T，一个需要时间，一个需要效率。怎样才能保证自己的效率比较高呢？首先不能有太多的压力。有些人在压力下确实会学得好一些，但我觉得这也是因人而异的，而且我说的压力是持久的，时时刻刻存在的，比如说家里父母的压力，老师的压力，自己急于上进而带来的压力……从我身边看到的就知道，过大的压力并不是一个好东西。有时候就是由于过大的压力的存在使得很多人不能放开去学习，总是担心成绩会下降，心里总是惴惴不安，那样很容易产生一种对学习的厌恶感，觉得学习真的很枯燥，进而影响到学习的动力，使得原本的兴趣烟消云散，这是一个可怕的恶性循环，大家一定要小心。

在学习中产生了过大的心理压力确实对学习效率具有负面的影响。那么，怎样去寻找适当的释放压力的方式呢？陈栋同学给了我们一些很好的建议：

每当我觉得很郁闷的时候，我就伏案写文章，或小说，或诗歌，或散文，不一而足。高三一年我写了整整两大本笔记，虽然没有发表但将生活的点滴记录下来，不仅是一个很好的疏导压力的方式，也是心灵历程的自白书。大家可以选择别的方式，比如说听听自己喜欢的歌，看看自己喜欢的书，或者出去爬爬山。总之，无论什么样的方式，有两个原则：一是一定要适合自己，二是要让自己感受到愉悦、轻松。

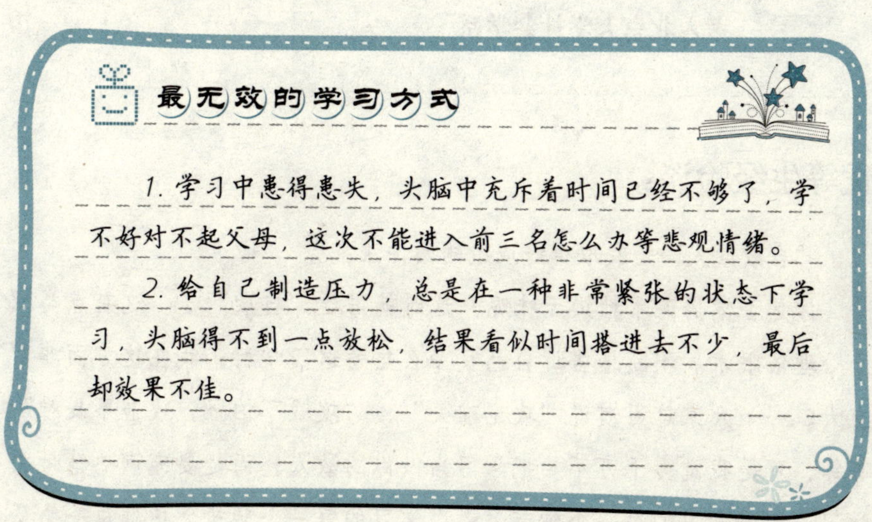

最无效的学习方式

1. 学习中患得患失，头脑中充斥着时间已经不够了，学不好对不起父母，这次不能进入前三名怎么办等悲观情绪。

2. 给自己制造压力，总是在一种非常紧张的状态下学习，头脑得不到一点放松，结果看似时间搭进去不少，最后却效果不佳。

“自欺欺人”又何妨

在生活中，我们常说要正视自己，不要自欺欺人，而在学习中，自欺欺人却是一种可以提高学习效率的好办法。

姓名：王　维

毕业学校：黑龙江省哈尔滨三中

考入北京大学社会学系

优等生经验谈：

“自欺欺人”是我取得好成绩的两件法宝。

你是否觉得课本枯燥无味呢？这时就需要“自欺”了。这有点类似于心理催眠术。不断地告诉自己我多么热爱这门学科；我在这方面非常有天赋……大家总习惯说“攻克难关”，“攻城不怕坚，攻书不畏难”等等，可是我觉得千万不要把学习当做你的敌人，而是要充满热情地去学习、探究学习的每一个细节，考虑学习的每一个转折，琢磨每一个变化，then you must be a top student!

可以说，“自欺”是对自己进行强烈的心理暗示来推动自己前进。

至于“欺人”，王维同学是这样说的：

至于“欺人”，则是指要勇于把自己推到大家的视线中。发现了吗？老师选的科代表即便入学时成绩平平，经过一两个学期以后，他也通常会变成这一科的顶尖高手。因为周围的关注会转化为动力，鞭策他前进。同理，不妨告诉大家你在某方面特别厉害，欢迎他们向你求助，给别人一杯，自己至少要准备一桶噢！如果你有什么计划，也不妨先大声地宣布出来。为了不落个虎头蛇尾、有始无终的恶名，你会加倍努力的。特别是对于那些三分钟热度的同学，这一招很有效。

可以看出，这里的“自欺欺人”并非贬义，对于提高学习效率还是非常有益的。

高效锦囊

1. 把每一个学习任务都当做自己最喜欢的游戏，完成一个任务就像在游戏中又过了一关。

2. 把自己的学习目标公之于众，开弓没有回头箭，就算是为了自己的面子也要坚持下去。

学习中要有点“阿Q精神”

这里所说的“阿Q精神”，并不是让你在幻想中自我安慰，而是让你想方设法拥有一个好心情，这对提高学习效率有很大帮助。

姓名：龙媛媛

毕业学校：河南省安阳实验中学

考入北京大学

优等生经验谈：

记得别人总是问我：“为什么你每天的学习情绪都那么高？”我说：“因为我每天都会对自己微笑！”其实我是想说，对自己的心理暗示很重要，每天早上，我都会对镜子里的自己说：“相信自己，你可以做到！”这看起来也许真的很可笑，也可以称之为阿Q精神吧！但人是需要一点阿Q精神的，这样的暗示对于保持乐观的情绪是很有帮助的。你的情绪好了，一天之中无论学什么效率都很高。我觉得自己从中获益不少，你也不妨一试。

确实如此，自我激励对一个人的成长十分重要。对此，龙媛媛同学说：

上了许多年学，遇到的大大小小的成功与挫折不计其数，最直观的就反映在成绩上。进入中学之后，同学们的心思都重了，这时确实需要有良好的心态。我觉得，首先要保持一种昂扬向上的心境。考得不理想时，我们需要一点阿Q精神，努力忘掉它。可能有许多同学和我有一样的感觉，当考得不理想时，总觉得周围人的眼神不太自然。这时最好的方法就是多和别人交流，和同学一起抱怨考题，说些轻松的话题，多说话会缓解紧张的心情。制订一个短期目标也是个不错的选择。当看到那些仿佛已经实现的目标时，心情自然也会好起来。当然，目标真正实现的次数不多，但这可以换来一段时期的好心情。不要小看了制订目标的作用，它真的可以带来高效率的学习。

没错，让自己有个好心情，学习才会更轻松、更高效。

心情不好的时候，不妨给脑子放个假，打打篮球，踢踢足球，做做单双杠等健身运动，或者在校园中的小道上散散步。经过运动，你的心情自会好起来。

如何缓解焦虑

随着竞争的加剧，焦虑这种心理状态已经成为许多中学生学习效率低下的主要原因。因为，如果你的学习是在忧心忡忡、充满焦虑的心态下进行的，效率一定不会高到哪里去。

姓名：杨　凝

毕业学校：江苏省前黄高中

考入北京大学

优等生经验谈：

焦虑与烦躁是高中生很普遍的不良情绪。我有一位同学，他额前的一簇近六七公分长的头发特立独行地向前平伸着，原因是他有一个习惯——学习过程中遇到难题时总习惯性地将额前的头发向上捋。这是焦虑情绪的一种温和的外在表现。

这种心态的形成大多是因为理想或目标与现实之间的差距（尤其是时间因素和难度因素的矛盾）。看着倒计时牌上的数字一天天无情地减小，好学的高三同学总喜欢给自己制订一个周密的计划，有的甚至细化到哪一天的哪一节自习课要复习哪一本书的哪一章的哪几页。然而，由于太多的不确定因素，诸如外来干扰，突发事件，复习难题，使得计划无法按时完成，有时甚至产生大面积的“赤”字。为了赶进度，同学们只能不停地给自己的脑子和眼睛按快进键，所复习的内容半生不熟，效率极差。此时，我们不妨换一个角度来看问题，在宏观计划定好后将目光锁定在效率上，不求过快的速度，只求有所收获。这样盯住脚下的路步步为营可以构筑自信，而有了自信，什么都好说。

记住，欲速则不达，在学习中如果你的心里整天都被焦虑所占据，结果只能是事倍功半甚至一无所获。

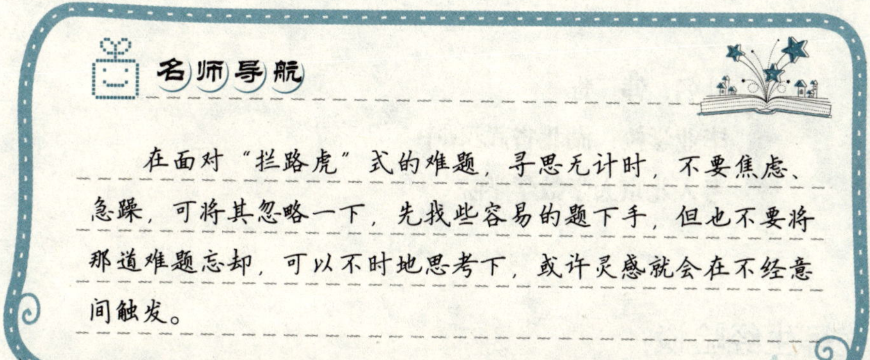

名师导航

在面对“拦路虎”式的难题，寻思无计时，不要焦虑、急躁，可将其忽略一下，先找些容易的题下手，但也不要将那道难题忘却，可以不时地思考下，或许灵感就会在不经意间触发。

只关注现在

要想提高学习效率，就必须踏踏实实地从现在做起，对未来考虑过多只能耽误你宝贵的学习时间。

姓名：韩　惟

毕业学校：湖北省武汉6中

考入北京大学数学学院

优等生经验谈：

在学习中，必须时刻提醒自己要保持平和的心境，这是学习的最佳状态，只有这样才能避免心情的激动与失落令学习受到影响。在高二时，我便因无法调节自己的心境去面对自己当时的低谷而浪费了大量的时间。倘若我将能否考上北大看得淡一些，就不会因此自暴自弃，引起思想混乱。在那时如果能清醒地看到问题，及早改变方针，那我的准备时间可以多出半年多。因此，从那以后我将保持清醒的头脑与平和的心境看做我最重要的事。因为我明白这是保证学习效果的基本条件与根本保证。

如何保持头脑清醒与心境平和，而不因外界的变化与境遇的变迁影响到自己呢？韩惟同学采用的是卡耐基成功之道中的方法：不担心未来而只关注现在，尽量地利用二十四小时。他说：

时间得到了充分利用后，你会为自己又过了充实的一天而充满欣喜，而在忙碌中，你已无暇考虑那本不该有的为未知将来的担忧，你只是在忙着，为了梦而忙碌，并从忙碌中找到自己坚持下去的必需品：信心与成就感。在奋斗中，我会感到自己很了不起，无所不能，有了这样的心态，我才能为了将来不断地奋斗下去。这是一个循环，假若你正在这种循环中，很好，一定要珍惜它，它十分宝贵。如若你还未尝试过这种令人振奋的事，那我鼓励你去尝试一下这种美妙感觉。

记住，在学习中要眼睛向下：只关注现在，把握当下！

在学习中遇到不顺心的事，或考试成绩不理想时，同学们一定要学会调整自己的情绪，只关注当下。要试着平心静气地分析失误的原因，并制订纠正失误的措施。否则会形成恶性循环链：考试失误——情绪低落——无心纠正——成绩更低——情绪更低落。有的同学就是沿着这条恶性循环链，使自己从中等，甚至上等的位置，滑到了最底层。同学们一定要警惕这种情况的出现。

不要为小事烦恼

这里要强调的是，在学习中，不要把你的大部分精力都耗费在那些无关紧要的小事上。要学会不为小事烦恼，才会提高学习效率。

姓名：张凌童

毕业学校：甘肃省庆城县陇东中学

考入中国人民大学

优等生经验谈：

我觉得学习要有一种非常乐观，积极向上的心态。我以前就是因为一些小事特别烦心、很郁闷，但是后来上高三的时候，有同学跟我说心情决定一切，虽然这句话不一定完全正确，但是不能否认心情的作用。我觉得学习首先要有一个好心情，试想如果每天都为一些小事耿耿于怀，心里就感觉好像憋着一股什么东西，这样学习起来不会有非常好的效率。我学习的时候，总是竭力让自己排除一切干扰因素，保持一种非常乐观、非常愉快的心情。

确实如此，如果你整天把心思都纠缠在那些琐碎的小事上，你的学习时间和效果自然会大打折扣。那么，如何不让小事影响自己的心情呢？张凌童同学说：

我让自己心情好起来的方法很简单，有时候我在想，为什么为这件事耿耿于怀、闷闷不乐？比如说有时候和同学闹一些矛盾，我就会想如果我是他，我会怎样做。我在脑海里不停地想，想着想着就没事了，这是我常用的一个方法。其次是我有很多好朋友，我可以什么话都跟他们说。有烦心事我下课之后就会去找他们，然后跟他们说，说了之后他们一个个都会安慰我，这样我心里会好受一点。一般来说找上三个人，我心情就已经很好了，没事了。另外我比较情绪化，郁闷的时候是很短的一段时间。我觉得学习时要有好心情，所以在心情不好时，我特别注意调节自己的情绪。

摆脱小事的纠缠，你的学习效率才会更高。

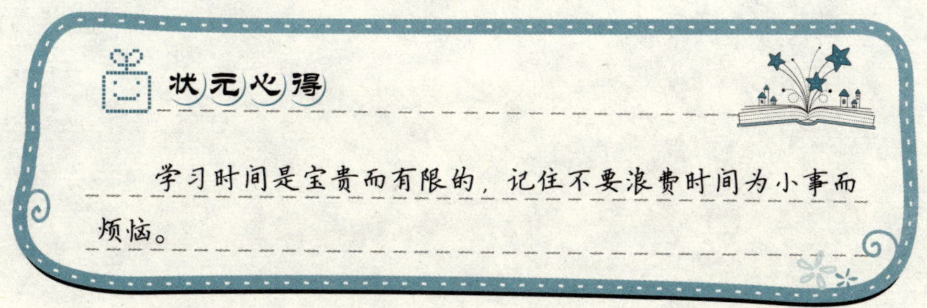

状元心得

学习时间是宝贵而有限的，记住不要浪费时间为小事而烦恼。

善于利用时间的人，永远找得到充裕的时间。

——德国思想家 歌德

第六章 不会休息就不会学习

学习是一种高强度的脑力劳动过程，它需要我们时刻保持清醒的头脑，否则将难以保证学习效率。我们不能以时间论成绩，更不能通过加班加点拼时间来换取一时的心理快慰。

众所周知，学习要保证学习效率，不能打疲劳战，必须注意劳逸结合，因为不会休息，就不会学习，现在的放松是为了后面的学习更有效率。所谓文武之道，张弛有度，说的就是这个道理。

熬夜是学习效率低的表现

很多同学经常熬夜学习，这种刻苦的精神的确值得我们学习。但是要想提高学习成绩，最重要的是想办法提高学习的效率，而不是一味地加班加点，熬夜苦读，否则只能说明你的学习效率低，没有有效利用时间。

姓名：杨大伟

毕业学校：甘肃省环县一中

考入北京大学新闻传播学院

优等生经验谈：

学习不需要熬夜，有的同学为了求得在学习时间上不输给别人，一直在看书做题。大脑的效率是有限度的，与其低效率地学习，不如早点入睡，养好精神，第二天再去高效率地学习。如果晚上休息不好，第二天上课时犯困，晚上又熬夜来补，就会形成恶性循环。我高中时每晚学习到10点半，然后躺在床上回忆一下一天所学的知识，到11点左右也就睡了。到了夏天，尤其要午休，小睡一会儿，精神就会好很多。记着，你不是与别人在比拼时间，而是比拼效率。

科学家皮埃尔·弗吕谢尔说："没有必要以牺牲睡眠来成为天才。"每个人都有一个生物钟，它在你的生活中不会轻易改变，所以找出你的睡眠周期很有必要。我们找出周期的准确延续时间，就能更好地利用时间。

皮埃尔·弗吕谢尔所提供的计算方法是这样的：在每天带规律性的时间里我们都会有疲劳乏力的感觉。用一个礼拜时间好好地记下你感到疲劳的时间和两个疲劳期的时间差，这样你会发现，你每天的疲劳期几乎发生在同一时候，而两次疲劳的时间差也基本相同。

找准了你的睡眠周期，你就可以主动地把睡眠时间计划在睡眠周期之内，而间隔期内绝对不要用于睡眠，那是你的高效学习时段。这样不但能使睡眠更加舒适，而且体力和精力可得到充分的恢复。

合理安排睡眠时间，从而使非睡眠时间的学习效率大大提高，这实际上就是节约了时间。

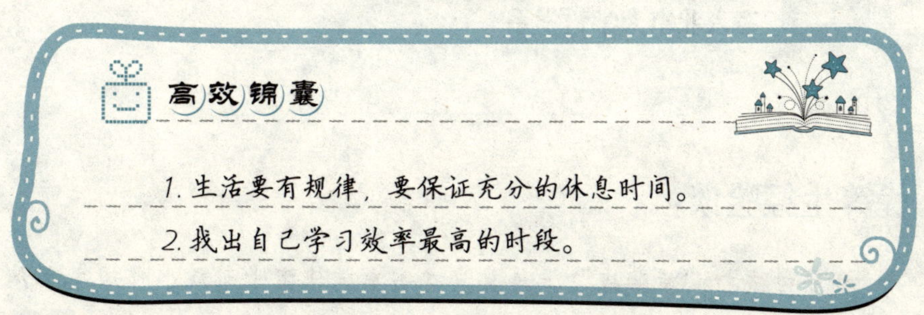

学习切忌打“疲劳战”

紧张的学习对人的体力、精力都是很大的考验。越是这样，我们越要注意保持充沛的体力和旺盛的精力，切忌打“疲劳战”。

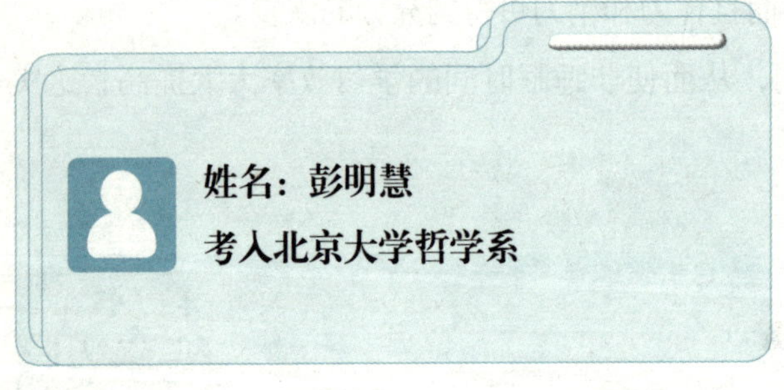

优等生经验谈：

我不赞成打“疲劳战”，与其坐在书桌前伏案学习八小时却注意力不集中，还不如拿出三个小时打打球、听听歌、下下棋，要保证坐在书桌前的每一分钟都是全神贯注的。这三个小时不是白白的“浪费”，它所带来的效果可能连你自己都会惊讶的。因为高考比的不是谁学习的时间长，而是在相同的时间里谁的效率更高。我常对自己说：“学习本身不是目的，真正掌握住所学习的内容才是目的。”

一言以蔽之，“一张一弛，文武之道”。既要会学习，也要会休

息。在紧张的学习中，“疲倦感”一旦产生，对你的学习效率和质量会有极大的负面影响。所以一定要注意把自己的生活安排得愉快、充实、有朝气。这样，每天一醒来都会以最佳的精神状态投入到学习中去。彭明慧同学对此深有感触，她说：

记得进入六月份之后，学校大部分的时间停课让我们自己安排复习。每天上午和傍晚我都会拿出近一个小时打羽毛球，晚上学习累了就到楼下跳绳、跑步。羽毛球拍、跳绳、毽子对我来说与钢笔和课本一样重要。每当一段学习之后我感到思维不太灵活、效率开始降低时，我就会放下书，听听音乐或到外面呼吸呼吸新鲜空气。

另外，充足的睡眠也必不可少。让复习挤占睡眠时间得不偿失。其实只要投入的每一分钟都能发挥出最大的效用，并不在乎从睡眠那里“剥削”来的几分钟。经过一上午高强度的复习，中午小憩片刻，然后出去打一会儿羽毛球或踢踢毽子，下午就不至于哈欠连天了。

在精力充沛的状态下学习才会有高效率。所以说，学习中要打“效率战”，不要打“疲劳战”。

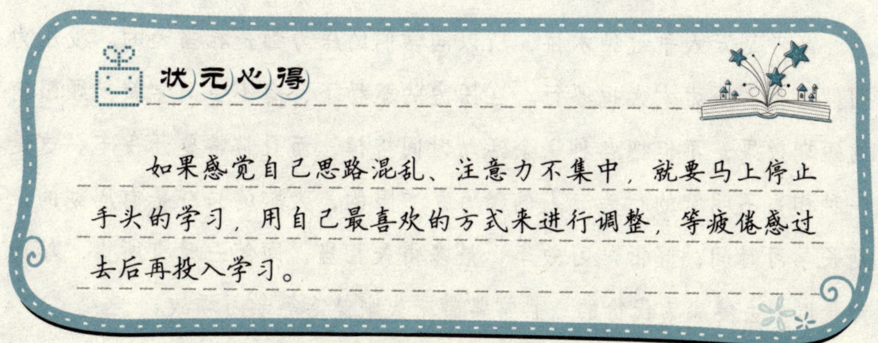

状元心得

如果感觉自己思路混乱、注意力不集中，就要马上停止手头的学习，用自己最喜欢的方式来进行调整，等疲倦感过去后再投入学习。

不要以健康为代价

这里强调的是学习应劳逸结合，不能以身体健康为代价来求得学习的一时进步。

姓名：马永强
毕业学校：四川省郫县一中
考入北京大学

优等生经验谈：

高考是万人争过独木桥，所以同学们的压力都是相当大的。没压力固然不行，压力太大也不行。在压力的驱动下，有不少同学就只顾眼前的短期效果，不但把各种课余活动时间挤掉，而且常常要开夜车。这是一种相当不明智的行为。人的精力是有限的，大脑的兴奋是有周期的，延长学习时间，降低学习效率，最多得失相当，即使一时有所得，然而却是以失去健康为代价的，且常常带来失眠健忘等学习顽敌。

所以说，以健康为代价来换取学习的一时进步是非常不可取的。而且，如果你的身体拖垮了，势必会影响后来的学习，你前边付出的几乎就白废了。对此，马永强同学说：

根据我的经验，我们不妨这样做：早上起得早一些，跑一跑步，然后再吃早餐。啊，这真是美好的开始！夏天，我们也可以去游泳，这不失为一举多得的好运动。每一节下课，都应走出教室，望一望蓝天白云，绿叶红花，呼吸一下新鲜空气，放松一下神经，绝对是提高学习效率的好办法。每餐之后，都应该出去散散步，不宜立刻睡觉和学习。课余和周末，打打球，看场电影，给紧张的学习生活放松一下。

记住，学习虽然很重要，但绝不能以付出健康为代价，这是得不偿失的。

不管学习多么紧张，都应保证充足的睡眠，应坚持每天有半个小时的午睡时间，科学证明它能保证你下午和晚上都有充沛的精力继续学习。

095 用锻炼来度过低潮期

紧张的学习很容易使人的神经感到疲劳，再加上心理上的压力，可能有的同学会感到全身乏力，什么事也不想干。的确，人的生理周期决定了人既有精力亢奋期，也有随之而来的低潮期，但是科学研究也表明，这种低潮可以通过一些方法使之推迟、缩短，甚至不会出现。体育锻炼就是很好的方法。

姓名：方志远
毕业学校：福建省清流一中
考入清华大学计算机系

优等生经验谈：

有些学校盲目追求升学率，为了让学生“专心”学习，把所有的体育课都分给各科老师，并禁止学生进行他们喜爱的运动，如打篮球、踢足球等，还开导学生说“搞这些运动分散精力，不易进入状态”。我认为这是很不科学的做法，是荒谬的。在高三时，我每天下午四点半下课都要去操场跑两圈，跑完圈后顿觉精神倍增，学习上的烦闷也少多了。跑步能使人心胸开阔，不会轻易为一些鸡毛蒜皮的小事所烦恼，而且坚持跑步，既是对人毅力的考验，同时更能培养人坚强的意志，增强人们克服困难的决心。

在高度紧张的学习之后进行锻炼，是对神经最好的调节，是对大脑最好的休息，适度的锻炼完成后再去学习，学习效率会提高很多。另外，整天埋头于无穷无尽的题海中，身体也会吃不消，对病菌的抵抗能力会降低，一旦得病，很影响自己的情绪和学习进度，因此体育锻炼也是增强体质的必然要求。

由此可见，体育锻炼不仅能帮助你快速度过学习低潮期，还是增强体质的好方法。

名师导航

课间就是让学生调整自己的，这时应该出去走走，呼吸一下新鲜空气，清醒一下头脑，或小睡一会儿。而有的同学连课下十分钟都不放过，做作业或追着问老师问题，这样一方面会影响下节课老师的情绪，另一方面也使自己的大脑得不到休息，从而影响下节课的听课效率。

让3小时＞8小时

很多学生都有这样一种感觉：一进了高三就好像弓绷紧弦了似的，一天到晚埋头于卷子中、书本中。这种态度一般都被广为推崇，被认为是积极的学习态度，老师和家长通常把它和那种甚至连规定时间都很少学习的态度加以比较，并将其作为教育学生的榜样。事实上，这两种态度都不是很正确。

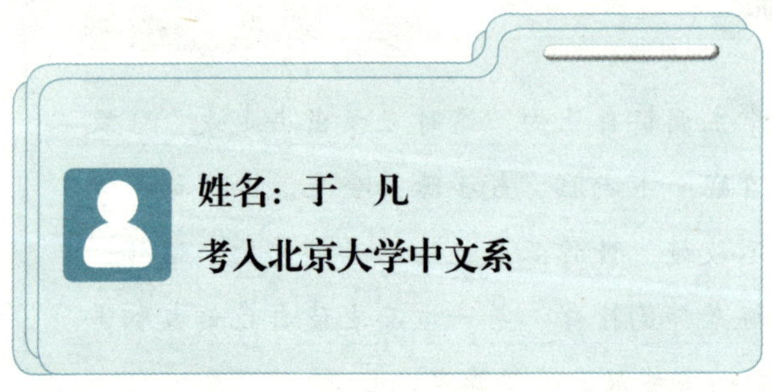

优等生经验谈：

大家可能都有这样的感觉：精神疲乏时学习八个小时远远不如精神旺盛时学习三个小时有效率，这个道理其实不难理解，但是有很多同学却舍不得或不敢用这段时间去做一些休息和娱乐活动。综合起来分析：一是怕浪费时间，二是怕一旦玩起来收不住心。

在于凡同学看来，适当的休息和娱乐是提高学习效率的有力武器，他说：

我高中三年从不开夜车，也没丢掉自己的爱好，就连紧张的高三，我也没落下我喜欢看的电视栏目和杂志。我平常的学习任务主要只在学校里完成，晚上10点上完晚自习，回家后就不再看书了，主要是看电视或杂志。我最喜欢看中央电视台的《开心辞典》和《幸运52》，以及《读者》和《青年文摘》等杂志。这样既能增长课外知识，又能在紧张的学习中调节自己的状态。另外，我还比较喜欢散步、听歌、打球。这些活动一方面满足了我释放心理压力的需要，另一方面也有利于陶冶情操，放松思维，恢复学习状态。在这里和大家探讨这个问题，相信大家都会有自己正确的选择的。

记住，休息和娱乐并不会耽误你多少时间，其实它们才是保证你学习质量的有效途径。

由此可见，如果能形成一颗“化学头脑”，学习起来自然就事半功倍了。

在平时要本着“学是为了玩，玩是为了学”的思想来处理学与玩的关系。青少年是天生好玩、好动的，长时间的伏案学习只会让人倦怠。正确的做法是，每个周末都去户外换换环境，让疲劳的大脑和身体彻底放松，抛开学习上的事，尽情休息，这样才能精神百倍地投入到下一周的学习当中去。

课间适合做什么

课间10分钟，最好到室外做些轻松的运动，以消除疲劳，使大脑得到休息，并为下节课做好身体准备。

姓名：麻益军

毕业学校：广西省河池高中

考入清华大学

优等生经验谈：

按照常规，中学生每上45分钟课，就要有10~15分钟的休息，这种安排是符合生理学和心理学规律的。

上课时由于用脑时间较长，心跳减慢，这时大脑供氧不足，就会产生疲劳和困倦，从而使视觉和听觉功能受到影响，学习、思考、理解和记忆的效率也就大打折扣。若不适当休息，就会严重影响学习效果和身体健康。但是，有的学生喜欢利用课间10分钟读书或做练习题，不愿到室外活动，认为那是浪费时间，这种做法是得不偿失的。

那么，课间适合做什么活动呢？

1. 室外望远。眺望远处的树木或建筑物，对放松眼部肌肉，预防近视大有益处。

2. 根据学校的安排，做一遍广播体操或眼保健操。

3. 散步。边走边做深呼吸，同时用力摆动双臂，再做前后屈体及转体等腰腹部运动。这样，既活动了全身肌肉，又使血液循环得到加强，增强了新陈代谢。

4. 做些体力负荷不大的游戏。既能活动身体，又能调节神经。

5. 跳绳、踢毽子、跳皮筋。这类活动适合在冬天进行。

总之，课间10分钟的活动，主要是为了消除疲劳，改善大脑功能，为下节课做好身体准备。

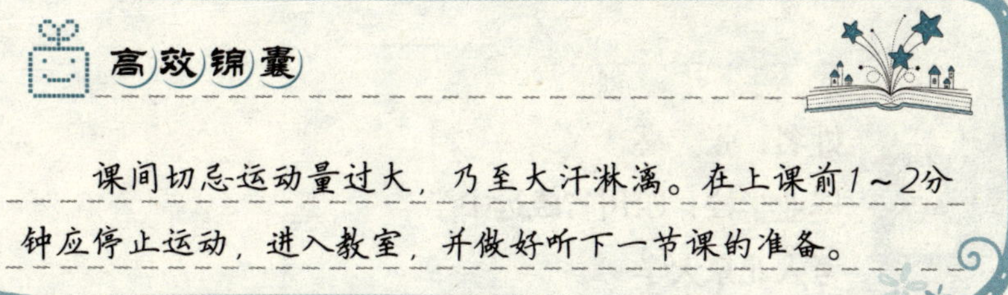

“闲”书不“闲”

其实所谓的“闲书”是很难界定的，在这里，加上引号的闲书指的是文学（包括一些小说）、史学、戏剧等比较“正统”意义上的书。不能说你看了它们就绝对获益，但不看它们绝对是会有缺憾的。

姓名：张　喜
毕业学校：四川省威远中学
考入北京大学

优等生经验谈：

我学习的一个重要经验就是：多看课外书。许多人看到这点，会惊诧道：“都什么时候了，课本都来不及看，哪有时间看课外书？”

持这种观点的人不在少数，包括家长和老师。但我认为在高三期间看些课外书是很有必要的。与其多背几遍政治、历史、语文，倒不如多看几本课外书。

多背几遍书，除了能增强对课文内容的把握外无甚重大意义，还浪费时间，无法增加知识量。相反，多看课外与课内教学有关的书，不仅

能够增加知识量，为今后步入大学打下一个扎实的知识基础，而且还有利于加深对课本知识的理解，能够更快更准确地把握线索及规律。

对同学们来说，最基本的两条是看书与做题。看书既包括看课内书，也包括适当地看课外书。看课内书要细致入微，即每一个知识点都要顾及，而且要理解透彻，同时又要抓重点，对重点知识要反复理解，并做多种类型的习题来巩固。

看课外书，对于语文与英语而言，目的是培养语感，因为毕竟课本知识有限，只有多读书才能把语文与英语从考试科目的低层次提升到语言的高层次上。有了语感即对语言美的感受，才能真正有兴趣，有能力学好中文与英文两门语言。反过来，把语言学好了，有了语感，考试就不在话下。对于文科生而言，看课外书的意义则是扩大视野，辅助理解课内知识，并增加知识量，以备不时之需。

总而言之，课本每个学生都会用心读，可也不要忽视课外书的作用，不能局限自己的视野。

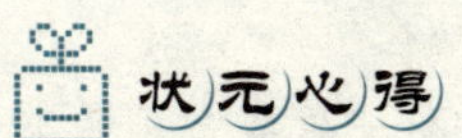

看“闲书”能很大程度上开阔视野，转换看问题的方式，还能增强理解和分析能力。因此，在教科书之外适当地看一些较有思想性、能让你有所启发的东西，既能调节一下紧张的生活，又可学到知识，可谓是一箭双雕。

玩也是一种学习

这里想要强调的是，在娱乐中，你同样可以找到对学习有帮助的地方，这也是一种一箭双雕的好办法。

姓名：马　强

毕业学校：青海省湟川中学

考入北京大学生命科学学院

优等生经验谈：

我的高中生活丰富多彩，非常轻松。当然高一是非常刻苦的，因为高一对基础要求很高，所以要仔仔细细地去揣摩，打磨好每一块基石，把基本功打得非常扎实。高二高三玩得比较多，玩的时间可能比学的时间多一些。我觉得玩也是一种学习，因为有时候我在玩的当中，很多情况下看到了某个现象，我会去想为什么会是这样？然后用我知道的物理上的一些原理、定律试着去解释它，如果解释得了的话，当然很好，解释不了的话，我会去找一些相关的资料看一下。

马强同学这么说是有一定道理的，因为如果你是在娱乐中学习的

话，一定比单纯的苦学效率要高得多。对此，马强同学说：

我举一个比较简单的例子。比如我坐车的时候在下雨，车在行驶，开始雨是往后斜的，后来看不见了，就这样一个现象。当时是上初中的时候，我就想雨和车之间的某些关系。我在想为什么会出现这种现象？因为当时初中没有学，初中刚接触相对运动那会儿，我自己解释不清楚，我就在想什么惯性作用之类的东西，然后相对于车，雨点应该是一个什么样的运动，平抛还是垂直下落，还是什么，这样的话有的是斜线上的那种直线加速运动。初中那会儿还没有学加速度什么的，然后我就会去找一些高中的教材，或者别的资料看一下，大概它会是一个什么样子，它是哪种情况，为什么它会这样运动。

这样做的话，它能让我很清楚很明白地掌握学过的知识，让我记得非常牢固，或许我这一辈子都忘不掉。另外也可以让我在学习过程中，将这些知识灵活运用。

如此看来，娱乐并不是对学习毫无帮助，它也是提高学习效率的一种有益的手段。

当感觉学习非常枯燥，难以进行下去时，可以采用一些游戏的方式。例如在背英语课文或历史时，可以将学习内容由几名同学用话剧的形式来演绎，这样不但可以放松头脑，还可以对所学的内容加深印象。

100 要学会忙中偷闲

不能否认，学生的学习任务是很繁重的。但这并不意味着你要一直忙碌下去，最有效率的学生都懂得忙中偷闲的意义。

姓名：周　锞
毕业学校：重庆市铜梁中学
考入北京大学物理学专业

优等生经验谈：

学习生活也要“忙中偷闲”。每个周末即使再忙我也会夹上笔记本偷偷跑到校外不远处的一家阅览室，贪婪地阅读各类书籍，广泛接受各种新鲜信息，给思想“换换水”；我从中外名家的散文、杂文中获得美的享受，也领悟到许多平凡而深刻的人生哲理，读到许多真实而感人的故事，每每给我以鼓舞和启迪。可以说，我高中阶段的许多价值观、人生观便是在这样的阅读中形成的。同时在阅读过程中做些笔记，还可以丰富我的写作素材，使我的写作水平有了明显的提高，一些报刊上的典型事例常常成为我作文中的例证。勤阅读，也是我观察社会、了解世界的一扇窗口，它使我的生活更加丰富多彩。

周锞同学之所以养成忙中偷闲的习惯，是因为她知道自己追求的是什么。她说：

我追求的就是效率——在最短的时间内干更多的有价值有意义的事。我有时静下心来思考，学习究竟是什么？为什么学？怎样学？每一次自问之后，我便在心中为下一步的行动勾画出蓝图。我把所有科目当做一盘棋来下，怎样走好每一步，产生连锁反应，最终取胜。我甚至把它们喻为我的庄稼地，如何有效施肥、浇水、管理，让它结出丰硕的成果。当你学习疲乏或毫无进展时，不妨放下手中的活儿，彻底静下心来问一问自己，多在效率上下功夫。

这样看来，忙中偷闲还真是一种高效利用时间的好方法。

高效锦囊

同学们不管学习多忙，也一定要抽出时间来多看看新闻。因为时政和高考科目文科综合是紧密相连的。每次看新闻时，可以试着用政、史、地知识去解释它，同时也不断培养自己的政治敏锐性，随时注意把一些新知识、一些比较权威的新鲜的观点补充到自己的知识库中，一旦有机会用出，往往能够得到阅卷老师的好评。因此，每天花一些时间去看新闻绝不会是亏本生意。

时间应分配得精密，使每年、每月、每天和每小时都有它的特殊任务。

——捷克教育家 夸美纽斯